나이듦이 고맙다

가슴으로 읽는 나이드는 지혜

나이 듦이 고맙다

지은이 | 김동길
초판 발행 | 2015. 9. 21
22쇄 발행 | 2018. 11. 17
등록번호 | 제1988-000080호
등록된 곳 | 서울특별시 용산구 서빙고로 65길 38
발행처 | 사단법인 두란노서원
영업부 | 2078-3352   FAX | 080-749-3705
출판부 | 2078-3331

책값은 뒤표지에 있습니다.
ISBN 978-89-531-2385-4 03230

독자의 의견을 기다립니다.
tpress@duranno.com   www.duranno.com

나이듦이 고맙다

김동길 지음

두란노

목차

인생의 겨울을 위하여

2015년, 시대가 던지는 축복의 화두는 단연 '젊음'입니다. 귀인의 얼굴은 동안이어야 하고, 창조적 일터의 중심에는 젊은 동력이 필수적이라 말합니다. 스스로에게든 타인에게든 "나이들었다"는 말만큼 마음에 충격과 고통을 안겨 주는 단어가 있을까요. 모두들 나이든다는 것을 쇠락이요 후퇴이며, 버려짐이라 생각합니다.

실제로 이 땅의 노인들은 각종 주거 문제와 건강 문제, 활동과 소통의 문제 속에 살아가고 있습니다. 사회구조적으로 봤을 때도 늙는다는 것은 괴로움과 처연함의 자리에 서는 것으로 풀이해도 무방한 듯 보이는 시대입니다.

그러나 이런 시대의 문제보다 더 급히 해결해야

할 것은 '나이듦의 진실'을 아는 것과, 사람이라면 꼭 맞이하게 되는 인생의 겨울을 어떤 태도로 보내야 하는가의 문제일 겁니다. 겨울을 준비하고 대하는 우리의 자세에 따라 막상 보내게 되는 그 겨울이 황폐하기만 할 수도, 혹 추위 속에서도 따뜻하고 아름다울 수도 있으니까요.

사실 나는 지인들과의 뜻하지 않은 사별을 경험했던 인생의 중년기를 지나면서부터 줄곧 죽음과 노년의 시간을 준비했었습니다. '나도 이러다 언제 생이 끝날지 모른다'는 야릇한 느낌마저 지속되었지요. 그런데 언제부터인지 내게는 "사명이 있는 사람은 죽지 않는다"라는 묘한 신념이 생겨나더군요. 이 신념은 내가 모험을 해야 했던 때뿐 아니라, 마지막 순간을 준비하게 하는 데도 큰 도움을 주었습니다.

'사람은 왜 가야 하는가? 자신에게 주어진 사명을 다 이루면 가야 한다'는 결론 속에서, 노년의 시간이란 그 사명을 완성해 가는 귀한 시간임을 깨닫게 되었습니다. 물론 숙제를 완벽하게 다 풀고 가는 인생은 한 사람도 없겠지만, 우리가 살아 있다는 건 아직 풀어야 할 숙제가 많이 남아 있다는 뜻임을 알게 되었다는 의미입니다.

이와 같은 지극히 간단하고 명료한 논리로 보자니, 해야 할 일이 없는데도 살아 있는 사람은 단 한 사람도 없었습니다. 특별히 몸도 굼뜨고 가진 것

없는 나 같은 노인조차도 인생의 황혼기에 청년의
때에 못지않게 이루어야 할 중요한 사명이 있더라
는 것입니다.

어쩌면 그 생각이 이 책을 내게 된 이유인지도
모르겠습니다. 젊어서 적잖은 책을 내었던 내가 여
든이 넘은 이 나이에 새삼 책을 내야 할 이유가 뭘
까 생각해 보니, 이것도 내 노년에 주어진 숙제라
면 숙제일 수 있다랄까요.

평생 공부해 왔던 역사와 철학적 사유를 바탕으
로, 소망의 불꽃이 가슴속에 있어서 물리적 환경의
제한과 늙어감의 고통 속에 신음하기보다 세월이
흐를수록 바라던 소망의 지점에 가까이 다가가고

있다는 기쁨 속에 살아가는 노인들의 이야기를 이 책에서 말하고 싶었습니다. 가야 할 곳을 분명하게 준비한 노인들이 어려운 환경 속에서도 인생의 여유와 타인에 대한 돌봄과 배려, 끝까지 새로운 길을 헤쳐 나가는 개척자의 태도를 갖게 되는 진짜 이유도 나눠 보고 싶었지요.

그래서 나는, 내 평생 가장 소중한 책인 성경을 텍스트로 해서 1부에서는 '나이듦의 의미'를, 2부에서는 '어떻게 늙어가야 하는가', 또 3부에서는 '어떤 노년기를 보낼 것인가'와 4부에서는 '어디를 향해 떠나가야 하는가'를 다루었습니다. 크게 말하면 삶과 죽음, 젊음과 늙음, 시작과 끝, 찰나와 영원에 대한 나름대로의 탐색을 담았다고 할 수 있습니다.

나는 어려서부터 중년에 이르기까지 어머니를 통해 나이듦의 좋은 모델을 보았습니다. 그리고 그 추억은 내 젊은 시절에 노년을 잘 준비하도록 이끌었고, 노년에 이른 지금도 죽음을 소망 중에 준비하며 감사로 살아가도록 이끌어 주고 있습니다.

이 책도 어느 누군가에게 그런 역할을 할 수 있을는지요. 부디 춥고 시린 겨울을 보내고 있을 누군가의 가슴에 이 책의 한 문장이나마 들어가 다가올 봄을 기대하는 소망의 불꽃이 피어나기를 기도하는 마음 간절합니다.

2015년 가을에
김동길

1부

존재하는 것에는 이유가 있다

우리가 체감하는 대로 나이듦은 한편으로 고통일 수 있습니다. 그러나 또한 기쁨이며 설렘이기도 합니다. 나이듦이야말로 새로운 만남을 향해 가는 새로운 여정이 아닙니까. 이 여정에 대한 이해가 없으면 우리는 어떻게든 늙지 않으려 온 힘을 쓰는 떼쟁이 늙은이가 되거나, 혹은 죽음이 끝이라는 인식 속에서 두 손 놓고 일상을 보내는 허무주의자가 될 수밖에 없습니다.

현실...
누구라서 늙지 않으랴

우리는 모두 무언가를 남기고 싶어 합니다. 각
분야 명사들을 만날 때마다 '남기고 싶은 말 한마
디'를 요청하는 것도 그런 마음의 발로일 것입니
다. 삶과 죽음의 실체에 대한 자각이 희미한 우리
들이기에, 인생이 농축된 누군가의 진실한 이야기
를 들음으로써 우리도 보약 같은 몇 마디를 지어
남기고 싶어 합니다.

그러나 이상하게도 유명인들의 이야기를 읽다
보면 가슴속에 남는 게 별로 없습니다. 내용의 대

부분을 차지하는 자기 자랑과 현실을 외면한 감상적 고백의 글들이 오히려 공허함만을 남겨 주는 탓이겠지요.

내 경우를 보건대, 자신에 대한 도취의 글보다는 자기를 비판적으로 바라보며 쓴 글을 읽을 때 기쁨이 솟구쳤던 것 같습니다. 아마도 자아비판적인 글을 통해 우리 자신의 참모습을 발견하기 때문에 그럴 겁니다. 말하자면 "내가 왜 이렇게 못났는가?", "내가 왜 이렇게 한심하게 살아야 하는가?", "사람은 왜 나이들고 병들어 죽어야 하는가?"에 대한 올바른 통찰을 그런 글에서 얻게 된다는 말입니다.

돌아보면, 나 역시도 평생 한 인간으로서 "인생이 무엇인가?", "나는 무엇을 남기고 갈 수 있는가?"에 대한 답을 얻고자 끊임없이 질문 앞에 서 있었습니다.

그런데 나이가 들어 가면서 이에 대한 답이 그다지 어렵지 않은 단어 속에 있음을 발견했습니다.

생로병사(生老病死). 우리가 흔히 쓰는 이 불교 용어 속에 인생에 대한 정의가 어느 정도 담겨 있더라 그 말입니다. 사람이 태어나 나이들고 병들어 죽는 것, 우리는 그것을 인생이라 부릅니다. 우리 마음대로 할 수 없는 탄생과 나이듦과 병듦과 죽음의 고통을 인생이라 볼 수도 있다는 얘깁니다.

그렇게 보자니 나이듦은 더더욱 서럽습니다. 나이듦이란 병듦과 죽음의 고통을 더 가까이 끌어당기는 요소가 아닙니까. 나이드는 것도 내 마음대로 할 수 없는데, 나이가 들고 보니 병듦과 죽음의 문제가 더욱 내 마음대로 되지 않으니 인생에 대한 허망함과 무력함이 더할 수밖에 없습니다.

고려 말의 충신이었던 이색(1328-1396) 선생의 시조 한 편에서도 그와 같은 서러움의 정서를 느낄 수 있습니다.

백설이 잦아진 골에 구름이 머흐레라
반가운 매화는 어느 곳에 피었는고

석양에 홀로 서서 갈 곳 몰라 하노라.

고려가 운명을 다하고 새로운 시대가 등장할 때, 이색 선생은 새로운 정권에 도저히 협력해 나갈 수 없었습니다. 그런 상황에서 자신이 찾는 것이 있기는 한데, 날은 저물고 그것이 도무지 눈앞에 보이지 않았습니다. 반가운 매화가 어디 있는지 알 길이 없으니 홀로 깊은 망연함에 빠지게 된 것입니다.

바라던 바가 있지만, 나이들고 병들고 더러는 배우자까지 먼저 보내서 현실적으로 바라는 바를 실현하기 어려운 우리의 현재 심정도 크게 다를 바 없지 않나요? 사회적으로 쉽사리 해결되지 않는 노인 문제들 앞에서 우리는 늙음에 대해, 아니 인생에 대해 허탈한 전망을 가질 수밖에 없습니다.

그런데 이색 선생을 비롯해 수많은 현자들과는 비길 데 없이 불학무식(不學無識)했던 베드로라는 사람이 쓴 다음의 글에서, 우리는 뜻밖에도 나이듦의 허탈함을 떨쳐 버릴 수 있는 단서를 발견합니다.

"모든 육체는 풀과 같고 그 모든 영광은 풀의 꽃과 같으니 풀은 마르고 꽃은 떨어지되 오직 주의 말씀은 세세토록 있도다"(벧전 1:24-25).

여기서도 역시 인생에 대한 통찰은 비슷합니다. 풀은 마르고 꽃은 떨어지듯, 다함이 있고 한계가 있는 게 인생이라고 말합니다. 그런데 중요한 것은, 그 뒤에 나오는 주의 말씀은 영원하다는 구절이 인생에 대한 베드로의 결론적 서술이라는 점입니다.

그는 이렇게 말하고 있어요. "인생은 풀이 마르듯 언젠가 마르고 만다. 하지만 그게 끝이 아니다. 우리의 인생은 세세토록 있는 약속의 말씀, 즉 영생을 향해 가고 있다. 그러므로 우리는 언제나 오늘을 역사에 남을 인생으로 살아야 한다."

성경 베드로전서에 기록된 이 말씀에서 우리는 신앙을 가진 이의 새로운 역사관을 발견합니다. 인생은 늙고 병들어 죽음으로 끝이 아니라 세세토록 계신 예수 그리스도와의 만남(구원)으로 이어진다는 역사관이 그것입니다. 즉 사람에게는 영원한 구원의 약속에 대한 말씀이 주어졌으므로, 고통과 핍박으로 얼룩진 오늘이라 할지라도 현실에 굴하지 말고 끝까지 영광스럽게 살아가자는 말입니다.

나는 이 부분에서 3·1독립운동에 참여했던 민족 대표 33인 중에 왜 변절자가 많이 나왔는가를 깨닫습니다. 그들에게 희망이 없었다는 것, 즉 언젠가 이 나라에 해방이 오리라는 믿음이 없었다는 게 변절의 이유라 할 만합니다. 왜정 말기, 일본이 전 세계를 지배하리라는 전망이 너무도 우세해지자 그들은 더 이상 조국 해방을 기다리지 못하고 변절자의 대열에 들어가고 맙니다. 최린이나 박희도 같은 민족 대표들과 더불어 문학계에서도 명사로 이름 날렸던 춘원 이광수나 육당 최남선 같은 이들의 변절은 그래서 안타깝기 짝이 없습니다.

영화 〈애수〉에 나오는 여주인공 비비안 리도 남

편을 기다리다가 전사했다는 오보를 접하자 그만 타락하고 말지 않습니까? 그러다가 남편이 돌아왔으니 그 여자의 처지가 얼마나 딱하게 되었는지 모릅니다. 언젠가는 남편을 다시 만나게 되리라는 믿음이 있었다면 그녀는 결코 타락한 인생을 살 수 없었을 테고, 남편을 다시 만났을 때 떳떳하게 맞이할 수 있었을 텐데 애석하기 그지없습니다.

이와는 달리, 한용운 선생이나 이승훈 선생 같은 분들은 끝까지 변절하지 않고 애국자로서 자신의 생을 영광스럽게 바쳤습니다. '아무려면 일본이 한반도를 영원히 지배하겠는가? 한민족이 어떤 민족인가? 이 민족은 결코 누군가의 지배 속에 놓일 민족이 아니다'라는 조국 해방에 대한 믿음이 그분들의 생을 붙잡고 있었던 것입니다.

신앙적인 역사 해석은 우리의 행동에 대한 올바른 답을 찾게 합니다. 인류가 어떻게 살아왔는가를 알면 오늘을 이해할 수 있고, 또 내일은 어떤 방향으로 흘러갈지를 찾을 수 있는 까닭입니다. 한 개인의 인생을 놓고 볼 때도 그렇습니다. 어제가 어떠했는지를 잘 알고 이해하면 오늘을 옳게 사는 일이나 내일을 내다보는 일이 그리 어렵지 않습니다. 내일을 내다보면 오늘을 어떻게 살아야 하는지에 대한 지침을 얻을 수 있습니다. 그러나 이런 역사관이 없으면 결국엔 물거품밖에 남지 않는 인생을 살 가능성이 높아집니다.

역사는 오늘도 흘러가되, '하나님의 사랑'으로 흘러가고 있습니다. 시련이 많고 고통이 있어도 그것으로 끝이 아니라 미래의 선한 무엇인가를 향해 흘러가는 게 역사다 그 말입니다. "하나님이 세상을 이처럼 사랑하사 독생자를 주셨으니 이는 그를 믿는 자마다 멸망하지 않고 영생을 얻게 하려 하심이라"라는 요한복음 3장 16절 말씀은 이 사실을 뒷받침합니다. 우리 인생은 허무한 결말로 끝나는 게 아니라 '하나님의 사랑' 때문에 영생으로 이어진다는 말씀을 성경은 전하고 있는 것입니다.

실제로, 이 세상의 역사는 예수 그리스도를 중심

으로 쓰이고 있습니다. 예수의 오심을 기점으로 주전(BC)과 주후(AD)로 나뉘고, 예수가 그리스도이심을 부인했던 사람들을 포함하여 인류의 수많은 사람들이 성경을 읽은 후 영생을 꿈꾸며 새로운 삶을 살게 되지 않았습니까? 생로병사의 고통만이 인생의 전부인 것 같지만, 사실은 예수 그리스도의 오심으로 인해 우리 인생은 비극이 아니라 소망으로 바뀌게 된 것이지요. 그래서 영국의 극작가이자 시인이었던 셰익스피어(William Shakespeare, 1564-1616)도, "이렇게 왔다가 이렇게 가는 한심한 인생이지만, '그리스도의 오심'으로 인간의 의미가 달라지고 역사에는 다른 의미가 부여되었다"라고 말했나 봅니다.

우리가 체감하는 대로 나이듦은 한편으로 고통일 수 있습니다. 그러나 또한 기쁨이며 설렘이기도 합니다. 나이듦이야말로 새로운 만남을 향해 가는 새로운 여정이 아닙니까. 이 여정에 대한 이해가 없으면 우리는 어떻게든 늙지 않으려 온 힘을 쓰는 떼쟁이 늙은이가 되거나, 혹은 죽음이 끝이라는 인식 속에서 두 손 놓고 일상을 보내는 허무주의자가 될 수밖에 없습니다.

누구라서 나이들지 않을까요. 또한 누구라서 언제나 젊음으로 살겠습니까. 우리는 모두 나이들 수밖에 없습니다. 영원히 젊게 사는 비결이란 그 어디에도 없습니다. 다만, 나이듦의 시간은 예수 그리스도께로 가는 길목과 맞닿아 있다는 역사적 인식을 가지고 우리 나이에 맞게 사는 지혜가 필요합니다.

소망을 가슴에 품고 살자는 말입니다. 비록 부침(浮沈)이 많은 인생이지만 사랑하는 내 주 그리스도를 뵈올 날을 기다리며 영원을 사모하는 마음으로 끝까지 한 걸음 한 걸음을 떼는 백발의 노인들이 많아질 때, 조국의 저녁 하늘은 더욱 아름다운 황혼으로 물들 것입니다.

의미...

고통을 아는 나이엔 맛보는 기쁨도 크다

우리는 나이듦을 두려워합니다. 아마도 나이들며 나타나는 모습 속에 부정적 단면들이 많기 때문일 겁니다. 얼굴에 번져 가는 깊고 굵은 주름과 보이지 않게 무너져 내린 몸의 골격은 우리의 미적 기능부터 상실했음을 알려 줍니다. 낮 동안의 활동 내용도 현저하게 떨어지고, 한잠을 자고 난 뒤 맞이하는 새 아침에도 햇살 아래 오므렸던 꽃봉오리의 피어남과 같은 개운한 기지개가 도무지 내 몸 안에서 이루어지지 않습니다. 경제 능력이 떨어지면서 누군가와의 만남이나 운신의 폭도 점점 좁혀 들어 오는 것 같습니다.

이와 같은 우리의 현실은 조국의 역사와도 맞닿 아 있습니다. 일제의 식민 지배를 받았던 세월을 지나는가 싶더니 민족 간에 피비린내 나는 전쟁이 있었고, 전쟁이 그치는가 싶었지만 오늘날 우리 민 족은 세계 유일의 분단국가로서 남과 북의 상극 체 제 속에 놓여 있습니다. 더구나 언제 전쟁이 터질 지 모르는 상황 속에서 앞으로 더 큰 고난이 오면 어쩌지, 라는 불안마저 도사리고 있는 곳이 이 땅 입니다.

과거를 거슬러 현재에 이르는 조국의 이 모습이 흡사 우리 노인들의 현주소처럼 여겨지지는 않습 니까? 이제껏 많은 고통의 골짜기를 넘어 달려왔 음에도, 젊은 시절에 비해 우리 몸의 기능과 역량 은 말할 수 없이 떨어진 상태입니다. 게다가 노령 화 사회로 접어들었으면서도 노인복지 문제는 해 결될 기미가 보이지 않아 삶에 대한 노인들의 불안

지수가 어느 때보다 높습니다.

그러고 보니 나이듦의 현실이란 곱게 물든 황혼의 창가에서 차 한 잔을 마시며 넉넉한 미소로 지난 시절을 이야기하는 데 있다기보다, 오히려 고통과 고난의 자리에서 사투하는 것이라 느껴집니다. 피부에 와 닿는 나이듦의 현실은 이렇듯 부정적 측면이 많은 게 사실이라는 얘깁니다.

그렇다면 우리는 나이듦의 현실을 부정적인 시각으로만 바라봐야 할까요? 우리의 현실에서 기쁨을 누리며 살기란 애당초 글러 먹은 일이라고 봐야 하느냐 이 말입니다.

일반적으로 사람들이 '편안한 것이어야 좋은 것이다'라는 사고방식에 물들어 있어서 그렇지, 로렌스(D. H. Lawrence, 1885–1930, 영국 소설가) 같은 사람은, 인생의 진정한 기쁨은 반드시 육체적인 쾌락과 결부되어 있지 않다고 말했습니다. 쾌락이 단순히 소비적인 행위라면 기쁨은 고통이라는 자각 없이는 얻어지지 않는 '창조적 쾌락'에 속한다는 사실을 그는 강조했지요. "모든 창조적인 노력 속에서라야 진짜 기쁨이 있다"는 말입니다. 다시 말해 괴로움과 아픔을 거부한 채 인생을 산다면 종내에는 권태로움에 직면하게 되지만, 현재의 고통과 아픔을 거부하지 않고 살아간다면 결국엔 진정한 기쁨이 그의 소유가 된다는 뜻이기도 합니다.

사실 우리는 사람이기 때문에 모든 걸 '쉽게' 얻고 싶어 합니다. 심지어 요즘 젊은이들은 많은 노력과 고통 끝에 얻어야 할 남녀 관계의 고귀한 기쁨마저도 그저 아이가 심심풀이로 사탕을 빨다가 뱉어 버리는 것 같은 자극적이고 손쉬운 행태로 취하려 합니다. 그러다 보니 얼마나 많은 젊은이들이 권태로움이 일상이 된, 가엾은 인생을 살아가고 있는지 모릅니다.

밥을 먹는 즐거움은 밥을 먹기 위한 고통의 과정을 안고 있기 때문에 주어집니다. 밥벌이가 힘들기에 밥 먹는 즐거움이 귀하고 크다는 것입니다. 밥 먹는 게 하나도 힘들이지 않고 해결된다면 거기에서 더 큰 문제가 발생할 수 있습니다. 복지국가에서 생기는 90퍼센트의 문제를 보십시오. 아무 문제도 없는 것 같은 그 나라에서 해마다 자살률과 정신 질환자들의 수가 증가하고 있다는 보고는 우리를 살아 있게 만드는 창조적인 기쁨이란 결코 편안함 속에서 주어지지 않음을 반영해 주고 있습니다.

그런 면에서 고통을 모르고 나이들어 간다는 건 '불의'라고 봐야 합니다. 반면에 살아온 인생이 괴로움과 고통 속에 있었다면, 그리고 현재도 고난 속에서 기도하고 있다면 그는 궁극적으로 기쁨을 아는 자, 기쁨을 누리는 자가 되리라고 봅니다.

요사이는 "개천에서 용 난다"는 말이 옛말이라고들 합니다. 집이 잘살아야 아이들도 공부를 잘해서 성공하기 마련이라는 데에 모두가 동의하는 것이지요. 그러나 이것은 일시적인 현상입니다. 잘사는 집 아이들이 가난한 집 아이들보다 고등학교 가고 대학교 들어가는 것은 수월할지 모르지만, 편안한 환경에서 고통을 모른 채 살아간다면 그들은 궁극적으로 경쟁에서 뒤처질 수밖에 없습니다. 아무 고통도 모르는 인생에게는 창조의 참된 의욕이 없는 까닭입니다.

셸리(P. B. Shelley, 1792-1822, 영국 시인)의 말처럼, 우리의 가장 진실한 웃음에는 고통이 스며 있습니다. 통쾌하게 웃는 것 같지만 그 웃음의 배후에는 말 못할 고통이 있는 법입니다. 결국 고통을 겪고 나서야 가장 진실한 웃음이 터져 나온다는 얘기이기도 합니다.

어느 해 크리스마스엔가 나는 이 사실을 확인한 적이 있었습니다. 구로동의 한구석에 있는 에덴복지원에서 6-70명의 장애인들과 함께 예배를 드리며 성탄을 보낼 때의 일이었지요. 양쪽 겨드랑이에 목발을 끼고 짚어야 겨우 일어나 걷는 젊은이며, 휠체어를 타지 않고는 아무 데도 갈 수 없는 사람들, 오른손이 없어서 털실로 장갑을 떠도 한쪽밖에

뜰 필요가 없는 아가씨 앞에서 설교를 하고 있자니 나도 모르게 목이 메어 왔습니다.

장애를 안고 살아가는 그들의 처지 때문이 아니었어요. 찬양을 부를 때 그들의 얼굴에 차오르는 기쁨의 빛이랄까요, 세상 그 어떤 기득권자들의 얼굴에서도 보지 못했던 생에 대한 벅찬 감격과 감사로 빚어지는 기쁨의 찬란한 빛이 그들의 얼굴에서 반짝이고 있었기 때문입니다. 온몸에 땀방울과 석탄가루를 뒤집어쓴 채 막장까지 다다른 광부가 마침내 금맥을 발견하는 환희와 기쁨을 그들 장애인들은 예배 시간에 발견한 것처럼 보였습니다.

그들이 감당하고 있는 신체적, 정신적 고통의 무게가 크기 때문이었을까요? 아무 부족함 없는 기득권자들이 아무런 감흥 없이 마지못해 드리는 예배 시간을 그들은 초월적 기쁨을 맛보는 잔치의 시간으로 누리고 있었습니다. 인생의 진정한 기쁨이란 외부적인 조건과 형편에 있는 게 아니라 각자의 가슴속에 있음을 나는 그때 확신했습니다.

꿈이나 소망도 마찬가지일 겁니다. 진정한 가치는 아픔에서 생성되는 법입니다. 아픔을 많이 겪어 본 사람일수록 소망의 움을 틔워 내려는 열망이 큽니다. 누가 봄을 노래하겠습니까? 혹독한 겨울의 고통을 겪어 본 사람이 노래합니다. 아무리 추위가 맹위를 떨치며 우리를 에워싸도, 봄은 반드시 언 땅을 녹이며 진군하여 찾아온다는 걸 겪어 본 사람만이, 끝나지 않을 것 같은 겨울의 한복판에서도 봄을 노래하고 봄을 기다립니다.

그러므로 노인은 오늘의 팍팍한 현실 속에서도 '소망'을 보는 사람이어야 합니다. "아버지, 우리 집이 망하게 되었어요. 어떡하면 좋아요?", "어머니, 회사가 부도났어요. 이제 끝장이에요" 하며 우는 자손들에게 "걱정하지 말거라. 그게 끝이 아니란다"라고 말하며 부정적 현실 자체보다 눈을 들어 하늘을 보게 하는 사람이 바로 어른이고 노인인 것입니다.

고통을 아는 나이가 되면 맛보는 기쁨도 큰 법입

니다. 거듭되는 고통을 헤쳐 나온 사람은 소망을 보는 혜안도 깊습니다. 우리의 깊어진 주름살은 그 지혜의 깊이이고, 육중해진 걸음걸이는 웬만한 세파에도 흔들리지 않는 소망의 무게중심이 아닐는지요.

고통 속에서 소망을 보고, 슬픔 속에서 진정한 웃음을 웃을 수 있는 이와 같은 역설의 진리를 지나온 세월의 마디에서 익히 습득한 노인이라면, 겹겹으로 에워싸는 현실의 아픈 문제 속에서도 기쁨의 보배를 결코 빼앗길 수 없을 것입니다. 오히려 절망 속에서 희망을 보게 하는 비전의 노인이 될 것입니다.

발견...
무지개를 보는 감동으로
환난을 이겨 내라

고난이 소멸하는 것이라면 어땠을까요? 유년에서 노년으로 이어지는 시간의 흐름에 따라 고난도 점차 사라져 버렸다면 우리 인생이, 또 이 민족의 역사가 얼마나 발전적으로 펼쳐졌을까요?

하지만 그건 우리의 짧은 바람일 뿐, 나이가 들어 모든 게 쇠약해지는 노년기에도 시련은 여전히 얼굴을 치켜들고 우리에게 찾아옵니다. 또한 찾아오는 시련 앞에 특별하게 반응하는 사람들로 인해 역사의 수레바퀴는 다시금 굴러갑니다. 고통이 사라져서가 아니라 그 고통에 뭔가 다르게 반응하는 사람들이 있어 세상은 좋게 발전한다는 걸 부인할 도리가 없다는 얘기입니다.

그렇다면 그들은 어떻게 인생의 폭풍우 속에서 남다른 마음의 태도를 갖고 인생을 완주할 수 있었을까요?

이에 대해 여러 얘기가 나오겠지만, 나는 '좋은 책'을 손에서 놓지 않는 것이야말로 인생 완주의 흔들리지 않는 비법 중 하나라 생각합니다. 물론 아무 책이나 무조건 많이 읽자는 말이 아닙니다. 책은 사람의 마음을 옳은 데로 이끌기도 하지만 그 반대일 수도 있음을 알고 선별해서 읽는 지혜가 매우 필요합니다.

책 한 권의 힘을 절실히 실감했던 시절이 있었습니다. 유신 시절, 잔인했던 4월의 어느 밤이었지요. 시내 모처에서 강연을 마치고 집으로 돌아가던 나는 갑자기 연행을 당해 재판에 회부되고 말았습니다. 평소 몸담고 있던 연세대학교 강단에서 "대한민국은 민주공화국이다. 주권은 국민에게 있고, 모든 권력은 국민으로부터 나온다"는 사실을 외쳤을 뿐인데, 나라에서는 학생들을 선동한 주범이라며 징역 15년에 교수 자격정지 15년을 선고했습니다.

"피고인은 학생들이 찾아와 화염병을 만들어 정부 청사에 던져 불을 지르겠다고 했을 때, 그것밖에 길이 없다고 했는가?"

"내가 나의 조국을 얼마나 사랑하는데, 정부의 건물에다 불을 지르겠다는 말을 듣고도 가만히 있었겠습니까? 나는 학생들의 입에서 그런 말을 들은 적도 없고, 그렇게 하라고 선동한 일도 없습니다."

"그래도 학생들이 자필로 써낸 진술서에 그렇게 적혀 있으니 부인할 도리가 없지 않은가?"

"내가 하지도 않은 말을 학생들이 했다고 하였을 리가 없습니다. 당신들이 나를 잡아 가두는 것이 목적인 모양이니 마음대로 하십시오. 내가 이번 재판에서 간신히 풀려난다 해도 또 붙들려 올 것이

뻔해 들락날락하기도 귀찮으니 그냥 감옥에 있을
참입니다."

그렇게 가게 된 감옥행이었으니 내 마음에 불어
닥친 답답함과 억울함이 얼마나 컸겠습니까. 인생
사의 여러 고통 중 납득할 수 없는 감금의 고통 아
래 놓인 나는, 이 고통에 대처하는 내 마음의 자세
를 쉽게 찾을 길이 없었습니다.

그때 지인들은 각종 서적을 구입해 감옥 안으로
많이 차입해 주더군요. 할 일이 없을 테니 쪼그리
고 앉아 책이라도 읽으라는 뜻이었겠지요. 그러나
읽어서 도움될 만한 책이 거의 없다는 걸 거기서
처음 절실하게 느꼈습니다. 간질간질할 정도로 교
태 어린 제목의 그 많은 수필집과 수상집, 자서전,
여행기 등은 반 평짜리 독방에 무릎 꿇고 앉은 사
람에게 뜬구름 잡는 소리로밖엔 들리지 않았던 것
입니다. 내 마음의 상황에 적중하는 책을 찾기란
그리 어려운 일이었습니다.

그렇다고 좋은 책이 없는 건 아니었습니다. 노

자의 《도덕경》이나 토머스 칼라일의 《의상 철학》
(Sartor Resartus) 등의 책은 읽어도 읽어도 흥미진진하
여 감옥 안에서도 새로운 감동과 의욕을 불러일으
켰습니다. 그런데 언제부턴가 그 모든 감동이나 재
미를 압도할 만한 책이 내 손안에서 떠나지 않았으
니, 그 책은 월터 스콧(Walter Scott, 1771-1832, 영국 시인)
의 일화 속에 남겨진 딱 한 권의 책(!)이었습니다.

그 옛날, 월터 스콧이 병들어 죽게 되자 하인을
불러 책을 한 권 가져오라고 한 적이 있었답니다.
그러자 하인이 주인의 얼굴을 들여다보며 "어떤 책
을 가져오리까?"라고 물었습니다. 그의 서재에는
책이 가득하였고 그가 쓴 책만도 수십 권에 달하였
으니, 하인이 무슨 책을 가져와야 할지 난감할 수
밖에요. 그때 스콧은 병고에 지친 얼굴을 들고 이
렇게 말했습니다.

"책이라면 오직 하나뿐이지 다른 무슨 책이 있겠
느냐!"

죽음이 임박해 오는 자리에서 스콧이 읽고 싶어

했던 책, 그것은 바로 성경이었습니다.

월터 스콧의 유명한 이 일화가 얼마나 진실한 것이었는지 나는 그 시절 옥중에서 직접 깨달았습니다. 죽음과도 같은 고통의 순간에도 내 상황을 적중시키며 내 마음을 일으킬 수 있는 책은 성경밖에 없더라 그 말입니다.

성경을 차분히 읽다 보면, 다른 어떤 책에서 느낄 수 없었던 자기 자신과의 대면이 이루어집니다. 문제와 고통이 생긴 책임론을 두고 생각할 때도 나자신의 부족함과 허물을 먼저 깨닫게 되지요. 즉조국이 이렇게 어려워진 원인을 놓고 분석할 때도 '하나님을 믿었는데 하나님이 돌보시지 않아서'가 아니라, '하나님의 뜻을 거스르고 그 뜻을 지키지 않은 나'의 모습을 보게 되므로 통회의 눈물을 흘리게 된다는 얘깁니다.

인간은 '책임'이 자기 자신에게 있다고 생각할 때 제대로 살게 됩니다. 그래야 공의로우신 하나님도 "그만큼 깨달았으면 됐다" 하시며 은혜의 팔을 들어 우리를 돌보아 주십니다. 사람은 깨닫는 과정에서 사람 구실을 합니다. 그 과정을 거쳐야만 하나님의 절대적인 뜻인 이웃과 민족을 사랑하며 사는 사람으로 변해 간다는 얘기입니다.

또한 이런 과정 속에서 우리는 인생의 고난에 대한 해석도 달리하게 됩니다. 사람에게 고난이 주어지는 이유가 그 고난으로 망하라는 게 아니라, 사람 구실을 하는 사람, 즉 사랑의 사람으로 성장해 가라는 뜻임을 깨닫게 되는 것입니다.

이 깨달음이 찾아오면 역사를 이해하게 됩니다. 즉 역사란 한 세대에게 고통이 와서 멸망하여 끊어지는 일의 반복이 아니라, 고통을 넘어 성장하면서 더 좋은 쪽으로 이어져 가는 것임을 알게 되지요. 오늘은 사랑하지 못했지만 내일은 더욱 사랑하며 살 거라는 하나님의 기대 속에서 역사가 흘러가고 있음을 보게 되는 것입니다.

나는 그 시절 성경을 읽으며, 오늘의 잘못된 현

실에 대해 나 자신의 책임을 통감하기 시작했습니다. 조국을 위해 더 용기 있는 사랑으로 행동하지 못하고, 조국을 위해 더 기도하지 못한 나의 허물을 보게 되었습니다.

사실 우리들은 궁극적으로 자신의 책임을 깨닫지 못하는 경향이 있습니다. 뭐가 잘 안되면 조상 탓을 하거나 팔자소관이려니 하는 경우가 많습니다. 먼저 '내 탓'을 말하며 하늘을 우러러보는 이가 적습니다.

세계적으로 유명한 '통곡의 벽'은 그래서 중요한 곳입니다. 그곳은 '내 탓'을 고백하며 기도하는 곳 아닙니까. 기도의 눈물로 내 죄를 씻어 내는 곳, 내 책임을 실감하며 돌이키는 곳입니다.

기도가 있어야 합니다. 기도 없는 민족, 기도 없는 사람은 자기의 잘못을 알지도 못하고 인정하지도 않습니다. 자기가 잘났다고만 생각하는 잘난 사람들이 모인 곳에는 권력을 향한 싸움과 경쟁과 원망과 칼부림만 있지만, 기도하는 사람들이 모인 곳에는 희생이 있고 사랑이 있으며 하나님의 선한 결말을 향한 기다림이 있습니다.

기다림이 있다는 것, 역사에 있어 이것만큼 중요한 게 무엇이겠습니까. 이스라엘 민족도 예언자를 기다렸기에 예언자를 봤고, 메시아를 기다렸기에 메시아를 보지 않았습니까. 아무것도 기다리지 않는 민족에게는 아무것도 나오지 않지만, 하나님의 은혜를 구하는 민족에게는 은혜의 산물이 나온다는 얘기입니다.

나는 어린 날 어머니에게서 그런 기도, 그런 기다림을 봤습니다. 그 옛날의 어머니들이 그러셨듯, 내 어머니도 온갖 모진 풍파를 다 겪으셨습니다. 집안이 얼마나 어려웠던지 남의 집에 늘 세 들어 살아야 했고 평양에 10년 남짓 살던 때는 이사를 열네 번이나 다녀야 했습니다. 식구는 많고 살림은 가난한데 그리 자주 집을 옮겨 다니셔야 했으니 어머니의 고충이 오죽이나 컸겠습니까.

놀라운 것은 그런 가운데서도 새벽 시간이면 어

김없이 일어나 가족들을 위해 기도하셨던 어머니의 기도 소리가 끊기는 법이 없었다는 점입니다. 삼복더위에도 방구석에 꼼짝 않고 앉아 삯바느질을 쉬지 않으셨던 어머니의 입에서는 누군가를 탓하거나 신세 한탄의 말이 나오는 법도 없었습니다.

"내 영혼이 은총 입어 중한 죄 짐 벗고 보니 슬픔 많은 이 세상도 천국으로 화하도다 할렐루야 찬양하세 내 모든 죄 사함 받고 주 예수와 동행하니 그 어디나 하늘나라"(찬송가 438장).

삯바느질을 할 때마다 나지막이 부르시던 어머니의 찬송가 고백 속에서 나는 어려운 시절의 책임을 통감하는 한 인간의 모습을 보았습니다. 그리고 그 책임을 대신 져 주신 예수 그리스도에 대한 감사와 감격으로 남의 집 셋방살이의 고단함도 너끈히 이겨 내신다는 걸 어렴풋이 알 수 있었습니다.

그 덕분에 어린 나는 아무 구김살 없이 꿈을 꾸며 자랐습니다. 줄줄이 딸린 자식들 미래를 걱정하는 대신 바라는 바를 새벽마다 기도로 풀어내시던 어머니. 시대의 가난에 대한 슬픔과 원망 대신 "하나님이 동행하시니 어디에서나 기쁘다"라는 노랫말에 감사의 고백을 담아 미소 지으셨던 어머니로 인해 어린 날의 내 가슴은 티 없이 맑았습니다. 쌀이 떨어져 먹을 거 없는 날에도 "산 사람 입에 거미줄 치겠냐"라며 여유 있게 대응하시던 어머니였으므로 우리는 늘 밥 먹는 감격을 잊은 적 없이 날마다 감동하며 지낼 수 있었습니다.

나는 어머니의 그 모습이 결국 한 권의 성경 때문이었다고 믿습니다. 성경의 가르침을 소중히 여기며 그 가르침을 따라 사셨던 어머니의 태도가 혹독한 시련에도 특별하게 반응하며 지나올 수 있는 비법이었던 것입니다.

성경과 같은 한 권의 책. 그런 책을 손에서 놓지 않은 채 그 가르침을 새기고 사는 노인이라면 인생의 어려움을 맞이할 때 꼬장꼬장한 태도로 누가 무얼 잘못했는지를 파헤치느라 남은 정력을 다 소비하는 늙은이가 되지는 않을 겁니다. 오히려 겨울 뒤에 피어날 꽃 한 송이를 기다리며 기도하거나, 비 온 뒤에 뜨는 무지개를 보며 감격할 줄 아는 노인으로 살게 되리라 봅니다. 또한 그 기다림과 감격의 힘으로 마침내 폭풍우 치는 언덕도 지나가게 될 게 분명합니다.

무지개를 보는 감동으로 시련을 이겨 내는 인생. 그 시작은 내 평생을 움직이게 할 만한 양서와의 만남이라는 사실을 우리는 가고 오는 세대에 우리 몸으로 보여 주고 갔으면 좋겠습니다. 그래서인지 나는 지금도 굽은 등으로 돋보기를 쓴 채 성경을 읽어 내려가는 노인들을 보면 가슴이 뜁니다. 시대의 희망이 그분들에게 있음을 보는 까닭입니다. 책 읽는 노인, 특별히 골방에서 혼자 성경을 보거나, 자손들에게 성경의 한 말씀 한 말씀을 읽어 주는 노인들이야말로 시대를 아픔에서 구해 낼 용사들이라 믿습니다.

진실...
눈물 골짜기에서도 하늘의 기쁨을

　요즘 사람들은 '짧고 굵게' 살겠다는 말을 입버릇처럼 달고 삽니다. 일찍 죽더라도 지금 당장의 현실적 욕망(하고 싶은 것, 먹은 싶은 것)을 따라 살겠다는 말을 할 때 주로 쓰는 표현입니다.

　그러나 할 수만 있다면, 가늘고 길더라도 나이듦을 경험하는 건 크나큰 축복입니다. 부분적으로만 보아서는 결코 인생을 알기 어렵기 때문입니다. 현재 웃고 있거나, 혹은 울고 있거나 그 웃음과 눈물의 진정한 의미는 시간이 흘러야 알 수 있습니다.

세월이 지나야 인생에 대한 올바른 역사관이 갖춰지고, 그렇게 될 때라야 단 하루를 살아도 굵게 살 수 있는 법입니다.

나는 역사의 방향이 있다고 믿는 사람입니다. 마치 고속버스를 타고 서울에서 부산까지 가는 고속도로 위에 올랐다고 할 때 이 차가 때론 동쪽으로 가는 것 같기도 하고 어느 때는 서쪽으로 가는 것 같기도 하지만 전체적인 방향이 남쪽을 향해 가고 있듯이 말입니다.

독일의 철학자 헤겔(Georg W. F. Hegel, 1770~1831)은 역사가 '자유정신의 발전'을 향해 흐른다고 했습니다. 알기 쉬운 말로, 역사는 자유를 누리는 사람의 수가 많아지는 쪽으로 흐른다는 말입니다.

그러면 어떤 이들은 독재자들이 많이 나오는 역사와 사회를 보면서 어떻게 그런 낙관론을 펼 수 있냐고 말합니다. 우리가 살았던 짧은 역사 속에서도 히틀러나 무솔리니, 프랑코(스페인의 군인, 정치가) 등의 독재자를 보지 않았습니까? 더구나 현재 3대

세습의 독재가 이루어지고 있는 북한만 봐도 세월
을 견딘다는 것의 긍정적 의미를 찾기가 어려운 듯
보입니다.

나는 이에 대한 답을 찾고 싶어 여행의 자유를
얻었던 1983년에 스페인부터 찾아갔습니다. 독재
자 프랑코가 죽은 지 10년이 채 안 되었을 무렵이
라 그가 스페인에서 어떤 사람으로 기억되고 있는
가에 대해 역사를 공부한 나로선 큰 관심거리였던
까닭입니다. 무려 40년 동안이나 강력한 권력을 갖
고 한 시대를 풍미했던 인물인 만큼 그가 죽은 후
그 나라 국민들의 가슴에 무엇으로 남아 있는지 궁
금했습니다. 지나가던 여러 젊은이들에게 무턱대
고 물어봤지요.
"당신은 프랑코를 어떻게 생각합니까?"
"프랑코요? 그 사람에 대해선 말하지 마시오. 입
에서 신물이 나요."
"그래도 프랑코가 이만큼 건설한 나라가 아닙니

까? 그런 지도자에 대해 왜 그렇게 말을 합니까?"

나는 한 나라 젊은이들의 진심을 알고 싶어 일부러 그렇게 물었습니다. 그러자 대답이 다음처럼 나오더군요.

"프랑코가 그만큼 독재했으니 스페인이 이렇게 낙후된 거 아니겠습니까?"

그 당시 유럽 사회에서 스페인이 여러모로 뒤처진 이유에 대해 그 나라 젊은이들은 한결같은 대답을 해 왔습니다. 그 얘기를 듣자 나는 내친김에 그의 무덤을 보고 싶어 자동차를 세내고 안내자까지 구해 마드리드에서 수십 킬로미터 떨어진 그의 무덤을 찾아가 봤습니다.

과연 40년 장기 집권한 사람의 무덤답게 큰 돌산을 밑에서부터 파고들어 갔다는 그곳엔 150미터 높이의 웅장한 성당까지 지어져 있더군요. 게다가 그 위로 다시 150미터의 돌로 깎은 십자가를 세워서 먼 곳에서도 다 보이도록 해 놓은 모습이 인상적이었습니다. 얘기를 들어 보니 프랑코는 그의 살아생전 그 성당을 짓기 위해 19년 동안이나 죄수들을 시켜 돌산의 땅을 파도록 했다고 합니다. 그런데 그 땅의 젊은이들은 그 돌에 대해 "프랑코가 다시 살아나지 못하도록 눌러 놓은 것"이라 표현하고 있었습니다.

그 말을 듣고 보니 역사관이 정리가 되었습니다. 프랑코는 40년 동안이나 장기 집권을 하며 굵고 길게 살다 간 것 같지만, 그는 어떤 면에서 자기 무덤을 19년 동안 판 셈이었습니다. 그리고 많은 국민들의 마음속에 결국은 떠올리기도 싫은 이름이 되고 말았습니다.

독재자의 말로라는 게 결국은 이렇다는 겁니다. 강력한 독재자가 한 시대를 호령하고 천하를 뒤흔듦으로 역사가 거꾸로 가는 것 같아도 그것은 역사의 일시적인 현상일 뿐, 자유를 향한 역사의 항구적인 방향은 결코 흔들리는 법이 없습니다.

때론 가늘어 보이더라도 인생을 길게 살다 보면

이와 같은 사실들을 거듭 확인하게 됩니다. 그러면 어느 때부터인가 고통의 현실 속에서도 소망을 말하는 초월적인 관점이 생겨납니다. 오랜 세월을 살아오는 동안 역사가 결국 어떤 방향으로 흘러갈지에 대한 감이 생겨난다고 해야 할까요.

그래서 세월을 잘 견뎌 온 노인은 오늘이라는 시간의 사건들도 앞뒤 좌우 문맥의 흐름에 맞게 해석하게 되는 것 같습니다. 전체 속에서 오늘을 바라보는 눈을 갖게 되는 까닭이지요.

그런데 전체 속에서 바라봐야 하는 건 비단 시간만은 아닐 겁니다. 나는 지구를 보더라도 우주 속에서 지구를 봐야 한다는 말을 습관처럼 하곤 합니다. 지구란 우주의 극히 미미한 일부라는 걸 먼저 이해해야 지구가 객관적으로 이해가 되지 않겠습니까. 다른 천체들과의 인력 관계 없이 홀로 존재할 수 없는 지구, 우주 관계의 법칙을 하나만 무시해 버려도 모든 질서가 완전히 무너질 수밖에 없는 지구를 봐야 공간에 대한 이해가 생겨난다 그 말입니다. 지구가 있고 우주가 생긴 게 아니라 우주의 일부로서 지구가 생겨났음을 먼저 인정하는 게 공간을 이해하는 척도입니다.

창조에 대한 이해도 마찬가지입니다. 하늘이 먼저 있어서 땅도 있는 법입니다. 사람이 먼저 있고 하나님이 나중에 계신 것이 아니라 보이지 않는 하나님의 세계가 있기에 보이는 사람의 세계가 생겨났다는 것입니다.

이와 같은 영적 세계의 원리와 하나님의 창조론을 아는 게 왜 중요하냐 하면, 그것을 무시해 버리면 우리는 인생에 대한 의미, 오늘 이 시간에 느끼는 행복과 불행, 성공과 실패의 의미를 도저히 알 수가 없기 때문입니다. 보이는 세계를 움직이는 보이지 않는 하나님의 세계를 외면한 채 현실을 살면, 눈에 보이는 3차원의 것으로만 모든 걸 파악하게 되지요.

권력의 정상에 오른 독재자야말로 가장 멋진 사람이라고, 돈 많은 사람이 가장 성공한 인생이라고 생각하며 그것만을 좇다가 가는 인생일 수 있습니다. 그렇게 되면 풍년 때의 배부름이 지속되리라 생각하며 한없이 자만해지거나, 흉년 때의 배고픔이 끝나지 않으리란 생각에 눈물과 절망만으로 살게 됩니다.

그러므로 우리가 진정 추구해야 할 모습은 주기도문에 나와 있는 대로, '보이지 않는' 하나님의 나라가 '보이는' 이 땅 위에서도 이루어지기를 소망하며 최선을 다해 사는 모습입니다. 그러면 황무지에서도 장미꽃이 피어나는 걸 소망하며 살게 됩니다. 고생을 했어도 성공적인 삶이 되고, 초라해 보이는 인생이었어도 위대한 삶이 될 수 있습니다. 영원으로 이어지는 아름다운 생애가 되는 것입니다.

세월을 잘 견디어 내는 게 이토록 중요합니다. 그렇게 살다 보면 어느덧 부분적으로 보지 않고 전체적으로 보며 오늘을 살게 되니까요. 우주와의 관계에서 지구를 파악하고 하나님과의 관계에서 인간을 파악하는 사람, 순간에서 영원을 보고 유한에서 무한을 찾는 사람, 풀잎 같고 꽃잎의 이슬 같은 이 짧은 삶 속에서 '영생'을 붙잡는 노인들이 되어 갑니다.

그러면 우리는 이 눈물의 골짜기에서도 저 하늘의 기쁨을 맛볼 수 있다고 믿습니다. 이 눈물이 눈물만은 아니라는 걸 우리는 이미 경험했고, 앞으로도 경험하게 될 테니 말입니다.

결의...
조국을 위해 죽기로 하자

예부터 처녀가 시집 안 간다는 말과 상인이 이거 팔아 남는 거 없다는 말, 노인이 늙으면 얼른 죽어야지, 라는 말은 3대 거짓말로 쳤습니다. 시집가기 싫어하는 처녀가 없고, 이윤을 남기지 않은 채 장사하는 상인은 없으며, 죽기를 바라는 노인은 없다는 생각에서 나온 말일 겁니다.

그런데 이 중 "늙으면 죽어야지"라는 노인들의 거짓말에는 의미심장한 진실이 포함되어 있습니다. 지금껏 살아온 생애의 그림이 어떠하든 마지막

마무리를 잘 지어야 한다는 마음이 노인인 우리들에게 언제나 사명처럼 남아 있다는 것입니다.

성경에서도 여러 죽음의 모습을 보여 주는데, 그중에서도 삼손이란 인물의 죽음은 우리의 흥미를 끕니다. 그는 특별히 우리에게 어떤 죽음을 준비해야 할지에 대해 말해 주는 사람인 것 같습니다.

삼손은 마치 전설 속의 인물처럼 느껴집니다. 무엇보다 그는 사자를 염소 새끼 찢듯 찢을 수 있는 대단한 힘을 가진 자였습니다. 요즘 시대의 영화 속 인물로 보자면 헐크 같은 힘을 지닌 자로 봐도 무방할 듯합니다.

어쨌든 강한 힘을 가졌다는 건 멋있는 일입니다. 권력이든 지력이든 그것을 잘못된 방법으로 획득하여 잘못 사용하는 게 문제이지, 힘을 가졌다는 자체를 나무랄 수는 없습니다. 삼손만 해도 그 몸에 주어진 힘을 가지고 자신을 붙잡으러 온 블레셋 군사 1천 명을 나귀 턱뼈 하나로 물리치지 않았습니까.

거기에 더해 삼손은 경직된 머리를 가진 사람도 아니었던 듯합니다. 그는 머리를 굴리며 수수께끼를 낼 줄 아는 유머와 여유까지 지녔습니다. 사람이라면 이렇게 난센스에 속하는 수수께끼도 내며 즐길 줄 알아야지, 매사에 논리를 따지며 발끈하는 사람은 재미도 없고 여유도 없는 인생을 살아갑니다. 그런 면에서 삼손은 한마디로 멋이 있는 사람이었다고 볼 수 있습니다.

그러나 강함과 위트까지 지녔던 삼손에겐 약점이 하나 있었습니다. 자신의 마음을 조절할 줄 몰랐다는 것, 특히 여자에 관해 더욱 그랬다는 것이 치명적인 약점이었습니다.

누구에게나 약점은 있지만 이를 알고 경계하면 큰 탈을 피할 수 있습니다. 그런데 삼손은 그런 자기 자신을 살필 줄 몰랐습니다. 너무 강한 남자여서 두려움이 없었기 때문이었을까요? 그는 내가 이러이러하구나, 라며 자신을 돌아보며 근신하려

하지 않았습니다.

적들이 이를 가만둘 리가 없지요. 블레셋 사람들은 삼손의 약점을 이용해 그를 제거하려고 삼손의 여인이었던 들릴라를 매수해 그의 힘의 비밀을 파내려 합니다. 진심으로 삼손을 사랑하는 게 아니었던 들릴라는 이 전략에 홀딱 넘어가 어떻게든 삼손을 꾀어내려고 합니다. 하지만 여자를 너무나 좋아했던 삼손은 이 사실을 모른 채 "당신의 엄청난 힘의 근원이 어디냐?"라는 들릴라의 금지된 물음 앞에 대답해 주고 싶어 안달이 납니다.

"날마다 그 말로 그를 재촉하여 조르매 삼손의 마음이 번뇌하여 죽을 지경이라"(삿 16:16).

누구든 한 생애를 살아가면서 이런 순간을 한 번 이상 맞이해 봤을 겁니다. 유혹이든 시험이든 자신의 전 존재를 흔들어 놓는 문제로 인해 번뇌하여 죽을 지경에 이르는 그런 순간 말입니다.

그래서 사람은 기도해야 삽니다. 기도란 우리 힘으로 어찌지 못하는 그것을 전능하신 하나님 앞에 가서 해결하는 행위가 아닙니까. 그러나 한 민족의 지도자인 사사로 부름 받은 자였음에도 삼손은 끝내 기도하지 않아 고비를 넘기지 못했습니다. 날 때부터 하나님께 구별된 나실인으로서 한 번도 삭도를 대지 않은 머리카락이 그 힘의 근원임을 삼손은 들릴라에게 발설해 버리고 맙니다.

삼손의 말로는 이렇게 시작됩니다. 비밀에 노출된 삼손은 적들에 의해 머리카락이 깎이고, 그 후 아무 힘도 쓰지 못한 채 블레셋 사람들에게 붙잡혀 두 눈마저 뽑힌 모습으로 옥에서 맷돌을 돌리는 신세로 전락합니다.

어찌 보면 어리석다고 말할 수밖에 없습니다. 누구보다 위대한 힘을 가졌던 한 민족의 지도자란 사람이 여자의 유혹에 홀라당 넘어가 이렇게 비참한 신세가 된 것에 대해 연민의 시선을 보내 줄 이가 별로 없을 듯합니다.

그러나 성경에서도 그렇고, 존 밀턴(John Milton,

1608-1674, 영국 시인)의《투사 삼손》이란 책에서도
그렇고, 삼손의 위대함은 이때부터 시작된다고 볼
수 있습니다.

머리가 밀린 삼손이 맷돌을 돌리며 비참한 하루
하루를 살아갈 때, 그의 머리카락은 조금씩 자라고
있었습니다. 그러던 중 블레셋 방백들이 그들의 신
다곤에게 제사를 드릴 때 그들은 삼손을 불러 수천
명 앞에서 재주를 부리게 합니다. 이스라엘의 수장
삼손의 비루한 모습을 그들은 마음껏 비웃어 주고
싶었던 것입니다.

그런데 이때, 신전 기둥 사이에 서 있던 삼손은
다음과 같은 기도를 하나님께 올립니다.

"하나님이여 구하옵나니 이번만 나를 강하게 하
사 나의 두 눈을 뺀 블레셋 사람에게 원수를 단번
에 갚게 하옵소서"(삿 16:28).

사실 삼손은 스스로 초래한 결과를 맞이하고 있
었기에 마음을 일으키기가 어려웠을 것입니다. 보
통 사람 같으면 자포자기해 버렸을 거라 그 말입니

다. 우리들 역시 인생의 노년에 맞는 여러 비루한 모습들이 결국은 우리 자신의 부족함과 허물로 인해 자초한 결과임을 알게 될 때 이러지도 저러지도 못한 채 궁색하고 무기력한 모습으로 살게 되지 않습니까.

그러나 삼손은 거기서 한 발 더 나아갑니다. 비록 눈알까지 빼앗겼지만 "이번만 나를 강하게 하소서"라는 장엄한 기도를 드림으로써, 조국 이스라엘을 블레셋 사람들로부터 지켜 내야 할 자신의 못다 한 사명을 마지막 가는 그 길에서 이루려 합니다.

강(強), 약(弱) 후의 강! 이 강이 정말 강이라는 사실을 아십니까? 자신의 어리석음으로 모든 걸 다 빼앗긴 그 폐허의 자리에서 다시 하나님을 찾으며 기도할 때, 그전과는 비교할 수 없는 하나님의 강력한 힘이 주어짐을 삼손은 알고 있었습니다. 그리하여 "이번만 나를 강하게 하소서"라는 기도 후에 그가 다곤 신전의 두 기둥을 힘껏 껴안자, 신전이 무너지면서 삼손도, 그곳에 있던 수천 명의 블레셋 사람들도 모두 그 아래 깔려 죽고 맙니다. 성경은 이를 "삼손이 죽을 때에 죽인 자가 살았을 때에 죽인 자보다 더욱 많았더라"(삿 16:30)라고 기록하고 있습니다.

놀랍지 않습니까? 살아 있는 동안 조국 이스라엘을 지키기 위해 엄청난 힘으로 많은 적들을 물리친 것도 대단한데, 죽음의 그 순간에 물리친 적들이 살아 있는 동안에 물리친 적들보다 더 많았다니요.

그런데 우리는 여기서, 그 장엄했던 순간이 결코 순간적으로 주어진 게 아님을 파악해야 합니다. 그 전무후무한 힘은 삼손이 두 눈이 뽑힌 채 맷돌을 빙빙 돌리는 고난의 세월 속에서 주어졌음을 알아야 한다는 말입니다. 고난 중에 축적된 마지막 힘이야말로 절체절명의 순간에 엄청난 힘을 발휘하게 된다는 걸 삼손의 죽음은 말해 주고 있는 것입니다.

그런 면에서 나는, 노년의 힘을 결코 우습게 보지 말라고 말하는 사람입니다. 우리가 지금 약해 있어도, 혹은 우리의 실수와 과오 때문에 모든 힘을 다 빼앗겨 무력한 노년기를 살고 있다 해도, 노인들에겐 조국과 후손을 위해 죽음까지도 불사할 수 있는 마지막 힘이 남아 있음을 타인들도, 또 우리들도 믿어야 합니다. 맷돌을 빙빙 돌리는 것 같은 고난의 세월을 살아오는 동안 하나님이 축적해 놓으신 위대한 힘은 다른 세대가 아닌 노인 세대가 받아 놓았을 게 분명합니다.

그렇다고 우리 모두 삼손처럼 죽자는 말은 결코 아닙니다. 그저 우리 모두 조국과 후손을 위해 쏟아부을 마지막 능력이 축적되어 있음을 알고, 목숨까지도 내놓고 마지막 사명을 어떻게 감당하고 떠날지를 그려 보자는 말입니다.

이제껏 어떻게 살아왔느냐보다 더 중요한 것은 생의 마지막을 어떻게 보낼 것이냐의 문제입니다. 조용히 가든 장엄하게 가든, 우리의 죽음을 통해

마지막 사명을 다 이루고 가기를 조용히 기도해 봅
니다.

2부

소유보다 더 큰 행복

사람에게 있어서 사랑한 시간이 있다는 거, 그것만큼 역경을 이겨 내게 하는 큰 힘이 있을까요. 사랑은 오래 참고 사랑은 온유하며 사랑은 성내지 않는다는 성경 말씀처럼, 사랑이야말로 우리 인생의 고통마저 행복이라는 이름으로 바꿔 놓는 신비의 명약입니다. 사랑이 있어 인생의 고통도 참아 낼 수 있다는 말입니다.

사랑...

차마 어쩌지 못하는 마음으로

아주 오래전, 어느 젊은 기업가와 함께 차에 올
라 그가 경영하는 큰 공장을 보러 간 일이 있었습
니다. 이름만 대면 알 만한 성공한 기업가라 웅장
한 사업 비전에 대해 열띤 말을 할 법도 한데, 의외
로 그는 "내 일생에 가장 행복한 때가 언제였는지
생각해 보았습니다"라는 말로 '피난 시절'의 아련
한 아픔을 털어놓는 것이었습니다.

중학생이었던 그 시절, 6·25전쟁이 터지면서 그
의 가족은 대구로 피난을 갔다고 합니다. 먹을 게

없었던 전시 상황이라 가족 모두 일거리를 찾아 나섰지만 피난민들이 모여 사는 그곳에서 일거리를 찾기란 상당히 어려웠을 터. 할 수 없이 중학생 신분이었던 그가 새벽부터 나서서 온종일 신문 파는 일을 했고, 그렇게 해서 번 몇 푼의 돈으로 가족들의 굶주림을 겨우 면했던가 봅니다.

"하루 종일 신문을 팔다가 집에 돌아가면 밥상 위에 한 그릇의 밥만 달랑 놓여 있는 날이 많았어요. 그런 날이면 가족들 모두 나를 보며 '우리는 밥 먹었으니까 너 먹어라' 하고 이구동성으로 말을 해요. 그래도 밥벌이하는 유일한 사람이라고 나부터 챙겨 먹이려는 거였어요.

하지만 아무도 밥 먹은 사람이 없다는 걸 난들 몰랐겠어요? 배고픔을 애써 참으며 나도 '밥 먹었으니까 안 먹겠다'고 대응했지요. 그러면 아버지를 비롯한 가족들은 '그래도 네가 먹어야 한다'며 어찌나 성화를 내던지…. 그렇게 몇 번의 실랑이를 하다 결국은 내가 그 꿀맛 같은 밥 한 그릇을 먹고

잠이 드는 날이 많았어요. 그런데 참 이상한 게요, 돌아보면 그때가 제 생애에 가장 행복했던 순간으로 남더라고요."

지금은 거부가 되어 원하는 거라면 무엇이나 다 가질 수 있는 그 기업가의 가장 행복했던 순간이 다름 아닌 하루하루가 불안했던 피난 시절이었다는 말에 나는 고개가 절로 끄덕여졌습니다. 많은 소유가 사람을 행복하게 하는 게 아니라 많은 사랑이 사람을 행복하게 한다는 걸 공감하는 까닭이었습니다. 배고픔의 고통 속에서도 서로를 위하는 사랑으로 한 그릇의 밥을 서로 먹이려 옥신각신하던 그때의 가난한 시간들이 그에게는 '행복'이라는 기억으로 남아 있었던 것입니다.

사람에게 있어서 사랑한 시간이 있다는 거, 그것만큼 역경을 이겨 내게 하는 큰 힘이 있을까요. 사랑은 오래 참고 사랑은 온유하며 사랑은 성내지 않는다는 성경 말씀처럼, 사랑이야말로 우리 인생의 고통마저 행복이라는 이름으로 바꿔 놓는 신비의 명약입니다. 사랑이 있어 인생의 고통도 참아 낼 수 있다는 말입니다.

그런데 그것은 비단 한 인간의 생애에 국한된 얘기만이 아닐 겁니다. 조국의 역사를 흐르게 하는 근원도, 가문을 세우는 바탕도 알고 보면 이 사랑에 있습니다. 조국애로 가득한 국민들이 얼마나 있느냐에 따라 그 나라 역사의 방향이 달라지고, 가족 구성원들이 얼마만큼 가족애로 뭉쳐 있느냐에 따라 한 가문이 세워지기도 하고 무너지기도 합니다. 역사를 흐르게 하는 근원적 힘은 능력이나 화려한 성공에 있다기보다 사랑에 있다는 말입니다.

페스탈로치(J. H. Pestalozzi, 1746-1827, 스위스 교육가, 자선사업가)의 생애를 보면 이 사실이 확실해집니다. 그는 결코 능력가가 아니었습니다. 성공이라는 이름과도 거리가 먼 생애를 살았습니다. 그는 고아원을 경영하면 고아원이 경영난에 빠져서 문을 닫았고, 교과서를 내면 교과서가 팔리지 않아

재정적 어려움을 겪어야 했습니다. 남의 비방을 받는 일도 허다했습니다.

그런 그가 어째서 오늘날 '교육학의 아버지'라 불릴까요? 획일적이고 억압적이었던 아이들의 교육 환경을 그는 어떻게 창의적이고 자율적인 교육 환경으로 바꿔 놓을 수 있었을까요?

이에 대한 답은, 길거리나 공원에 다닐 때마다 맨발로 다니는 어린아이들이 눈에 밟혀서 늘 유리 조각을 줍고 다녔다는 그의 소소한 일화 속에서 발견할 수 있습니다. 아이들을 진심으로 사랑하는 페스탈로치의 진정 어린 마음이 그의 남다른 교육 유산을 낳게 했다는 것입니다. 길거리에 널브러진 유리 조각 하나를 차마 못 본 체 지나치지 못하는 그의 사랑 어린 불인지심(不忍之心)이야말로 사실은 어떤 대단한 교육철학보다 아이들을 살리는 데 있어 더 중요한 자양분이 되었던 것입니다.

본래 불인지심이란 말은 그 옛날 맹자가 제(齊)

나라에 머무르던 시절에 혹독한 정치를 펼치는 군주들에게 각성을 촉구하면서 했던 말입니다.

"사람에게는 차마 하지 못하는 마음이 있다. 선왕에게도 차마 하지 못하는 마음이 있었기 때문에 차마 못 본 척할 수 없는 정치를 할 수 있었던 것이다. 차마 하지 못하는 마음으로 차마 못 본 척할 수 없는 정치를 행하며 천하를 다스리는 것은 손바닥에서 움직이는 것과 같을 것이다."

여기서 맹자가 말했던 차마 하지 못하는 불인지심이란, '남의 불행을 모르는 척하고 지나칠 수 없는 마음'을 말합니다. 한마디로 말해 '남을 불쌍히 여기는 마음'입니다. 그 마음으로 정치를 행할 때 가장 위대한 정치가가 된다는 말을 맹자는 하고 있는 것이지요.

나는 이 불인지심에 대해 생각할 때면, 언제나 관계성 속에서 이루어지는 '사랑'이라는 단어가 함께 떠오릅니다. 사랑이 뭐 별겁니까. 사랑은 '나'만 알던 독불장군의 마음을 벗어나 '너'를 돌아보고

'우리'를 생각하는 마음입니다. 우리가 철없을 때는 내가 배고픈 거, 내가 갖고 싶은 거에만 생각이 머물다가 철이 들어 사랑하는 마음이 깊어지면 너의 배고픔, 너의 불행에 마음이 쓰이지 않습니까. 나이가 들고 철이 든다는 건 결국 이 불인지심이 깊어지는 거라 볼 수 있습니다. 나이가 들면서도 계속 자기 욕심만 부린다면 그 사람은 제대로 나이 드는 게 아니라는 말입니다.

나는 구약성경 룻기에 나오는 시어머니 나오미와 그 며느리 룻의 이야기에서도 이 사실을 확인합니다. 그 당시 나오미라는 여인은 역사상 가장 불행한 여인이라 해도 과언이 아니었습니다. 기근 때문에 조국을 떠나 이방 땅으로 갔는데, 그곳에서 남편과 두 아들이 다 죽고 말았거든요. 배우자 잃은 슬픔에 두 아들을 가슴에 묻는 고통을 간직한 나오미에겐 밥 한 끼 해결할 재산도 전혀 없었습니다.
그런데 놀라운 건 시어머니 나오미가 모든 걸 다

잃은 채 이스라엘 땅으로 돌아가면서 두 며느리에게 "너희들도 이제 그만 내 곁을 떠나 재가하거라" 하고 권했을 때, 룻만은 끝까지 시어머니 곁을 떠나지 않고 낯선 땅 이스라엘까지 따라가서 시어머니를 봉양했다는 점입니다.

어떻게 룻은 이와 같이 행동할 수 있었을까요? 아마도 자신마저 늙고 홀로된 시어머니를 떠나 버리면 의지할 데 없는 나오미가 길거리를 방황하게 될 것이고, 그렇게 되면 자신도 행복할 수 없을 거라는 생각에 죽기 전에는 결코 어머니 곁을 떠나지 않겠다고 결심했던 게 아니었을는지요.

성경 속의 그 어떤 화려한 이력을 뽐내는 사람들보다 이 소박한 여인 룻이야말로 역사에 대한 제대로 된 통찰을 하고 있는 인물입니다. 뻔히 보이는 누군가의 불행을 의도적으로 외면해 버리는 사람치고 끝까지 잘되는 사람은 역사적으로도 거의 없기 때문입니다. 반대로, 누군가의 행복을 위해 자신을 희생한 사람치고 끝까지 아무런 상급이 주어지지 않는 예도 없습니다. 아닌 말로 그때 당시에는 주어지지 않는 것 같아도, 후손들에게 그 복이 유산처럼 흘러갑니다.

그래서 나는 경건한 자의 후손들이 복되게 사는 모습을 볼 때, 그 할아버지, 할머니의 사랑의 삶이 이들을 복되게 했다고 믿습니다. 반면 자기 욕심만 챙기며 악하게 살면서도 아무 부족함 없이 떵떵거리며 사는 이들을 볼 때, 하나님의 심판이 즉각적이지 않다는 사실을 상기합니다.

시편 기자의 고백 속에 "주여 언제까지니이까"라는 표현이 많이 나올 만큼 하나님은 때로 인간들의 욕심과 죄악에 대해 어물어물 넘어가 버리시는 분처럼 보이기도 합니다. 하지만 성경을 끝까지 읽어 보면 오늘 잘되는 것 같은 악인도 내일이 되면 반드시 심판을 받고, 오늘과 내일 어렵게만 사는 것 같은 의인도 모레가 되면 그 삶에 위로가 임한다는 걸 기억하는 것입니다.

그러므로 '내가 어떻게 늙고 홀로된 어머니를 버

리고 내 갈 길을 가겠는가?'라는 룻의 그 소박한 마음은 역사를 이끌어 나가는 원동력이라 할 만합니다.

룻이 나오미를 따라 이스라엘로 간 후에 일어난 일들을 보세요. 그곳에서 룻은 그녀의 심성을 귀하게 보았던 보아스라는 거부를 만나 특별한 사랑을 합니다. 또한 아들 오벳을 낳았는데, 그 오벳이 이스라엘 민족의 위대한 왕인 다윗의 할아버지가 되지 않습니까. 무엇보다 그렇게 해서 이어진 다윗의 가문은 메시아 예수 그리스도로 이어지는 족보를 써 내려가게 됩니다. 인간으로서 남의 불행을 차마 외면하지 못하는 룻의 사랑이 이스라엘 민족을 살린 마음이 되었다는 것입니다.

나는 이 나이가 되기까지 수많은 사람들의 인생을 지켜보았습니다. 룻처럼 나보다 남을 더 생각하는 마음으로 평생을 살다 보니 언제나 손해만 보는 것 같은 사람도 보았고, 자기 욕심만을 챙기며 살다 보니 승승장구하며 모자람 없이 사는 것 같은 사람도 보았습니다. 그러나 50대, 60대, 70대를 넘어가면서 인생이 사실은 단순하다는 사실을 인정할 수밖에 없었습니다. 사랑이란 것이 지금 당장은 아니더라도 언젠가는 반드시 그 인생에 값진 열매를 맺게 하는 가장 중요한 자양분임을 보게 되었다고 해야 할까요. 우리 인생에 최종 열매가 맺히려면 사랑하며 살아야 하고, 특히나 남의 불행을 외면하지 말아야 한다는 데에 동의하지 않을 수 없더라는 말입니다.

한평생을 살아오는 동안 우리는 때로 욕망이라는 이름의 전차에 몸을 실어 나만을 위한 세월을 산 적도 있을 겁니다. 그리고 그런 세월의 덧없음에 대해 이제는 누구보다 잘 아는 나이가 되었다고 할 수 있습니다. 그러므로 지금이야말로 이 세대를 향해 외칠 때입니다. 인생을 살면서 '크다', '굉장하다'는 것에 현혹되지 말고 '사랑'이라는 내면의 빛을 누군가에게 뿜어내며 사는 일에 마음을 두라고 말입니다.

　아니 어쩌면, 그렇게 외치는 것보다 더 중요한 게 우리에게 남아 있는 것 같습니다. 우리 자신이 직접 그렇게, 차마 어쩌지 못하는 마음으로 누군가를 돌아보고 살펴 주며 기도해 주는 마음의 한 조각을 간직하는 일이 그것입니다.

　인생의 값진 열매를 맺게 하는 가장 중요한 양분은 금이나 은이나 돈이 아니라 불인지심의 그 마음이란 걸 우리는 이 시기에 사랑의 발자취로 남기고 갈 수 있어야 합니다. 사랑하며 살아가는 노년의 모습은 그 인생의 최종 열매가 어떤 빛깔로 맺힐지를 가늠하게 하는 척도입니다.

추억...
우리는 추억으로도 배부르다

나에게 있어 인생의 노년기는 과거를 회상하는 시간이 많아지는 모습으로 찾아온 것 같습니다. 앞으로 살아갈 날들에 대한 구상으로 가득 찼던 청년기, 중년기에 비해, 칠십을 넘어서면서부터는 지나온 날들에 대한 회상이 가슴 가득 채워지는 걸 보면서 나 자신, 노인이 되었음을 실감했던 것입니다.

과거에 대한 내 기억 속에는 특히 어머니와의 추억이 많은 자리를 차지합니다. 막상 내가 칠십이 넘고 팔십이 넘어 보니 이상하게도 어머니를 그리는 정이 세월과 더불어 더하면 더했지 덜하지 않다는 걸 발견하게 되더군요. 내게 쏟아 주신 어머니의 그 사랑은 세월이 갈수록 내 가슴에서 더욱 빛을 발하곤 합니다.

나는 어려서부터 나를 향한 어머니의 사랑에 대해 조금도 의심해 본 적이 없었습니다. 사랑받고 있음을 알았고 느꼈다고 해야 할까요. 그래서 나 역시도 어머니를 언제나 좋아했고 사랑했습니다. 심리학적 용어로 모성과의 애착 관계가 잘 형성된 자식이라고 볼 수 있습니다.

그런데 이것은 전적으로 어머니만의 특별하고 성숙한 양육 태도 때문이라는 생각이 듭니다. 어머니 살아생전, 내게 보여 주셨던 삶의 태도와 들려주셨던 여러 이야기들을 지금도 회상해 보면, 어머니에겐 다음과 같은 세 가지의 남다른 모습이 있었습니다.

그 첫째는 자식의 타고난 결을 존중하고 믿어 주는 모습이 각별하셨다는 점입니다.

　어린 시절, 나는 성미가 못된 아이였는지 학교에서 소풍을 갈 때면 얌전하게 잘 따라갔다가 소풍이 끝나 집으로 돌아올 때면 기분이 안 좋아져서는 엉뚱한 길을 따라 제멋대로 돌아다니곤 했습니다.

　고단했던 일상 중 자식의 소풍 길을 따라나섬으로 모처럼의 여유를 즐기던 그 시절의 어머니들처럼, 나의 어머니 역시 아들의 소풍 길을 따라나서곤 하셨는데, 그런 아들의 엉뚱한 모습으로 인해 여간 고단하고 화나지 않으셨을 겁니다. 한 시간이면 돌아올 길을 두 시간 이상 걸어야 한다면, 여느 어머니처럼 아들의 뒷덜미를 잡아 후려치셔도 할 말이 없었을 겁니다. 그러나 나의 어머니는 어찌된 일인지 천방지축 이 길 저 길 날쌔게 돌아다니는 아들을 향해 한마디 꾸중하시는 법이 없었고 그저 빙그레 웃으시며 아들의 뒤를 밟아 따라오실 뿐이었습니다.

단적인 예지만, 이 한 가지 일만을 떠올려 봐도 어머니가 얼마나 자식의 타고난 결을 존중하며 우리를 키우셨는지 알게 됩니다. 내가 무언가를 해 보거나 가 보기도 전에 "안 된다"는 단칼의 말로 내 뜻을 억지로 꺾으려 하지 않으셨고, 언제나 내 등 뒤에서 내가 가려는 길을 지지해 주셨던 것입니다.

내 평생 아무에게도 비굴하게 굽히는 일이 없었던 건 그런 어머니의 격려를 받고 자라난 까닭이었습니다. 자유의 수호자가 되려는 남다른 신념으로 결혼도 안 한 채 독신으로 나이들어 갈 때도 어머니는 다른 어머니들처럼 획일적인 잣대를 들이대며 "내 죽기 전에 장가부터 들라"고 독촉하신 적이 없었습니다.

또한 내가 자유니 민주주의니 하는 것을 외치느라 당국에 불려가 몇 날 며칠 돌아오지 않아도 걱정하시는 기색은커녕 오히려 내게 "사람은 자기의 소신대로 살아야 한다"는 대범한 말씀을 건네기까지 하셨습니다.

어머니가 내게 보여 주신 또 하나의 특별한 모습
은 배움에는 열심을 내되 경쟁에 목매지 않는 여유
를 몸소 보여 주셨다는 점입니다.

그 시절, 어머니의 교육열은 동네에서도 손꼽힐
정도였습니다. 사람은 배워야 한다는 생각에 일찍
이 눈을 뜨셔서 지독히도 가난한 살림 가운데서도
우리들은 물론 딸인 내 누님까지 여학교에 보내셨
습니다.

그때만 해도 여간해선 딸자식을 상급 학교에 보
내는 일이 없던 터라 그에 대한 주변의 편견과 비
난이 이만저만이 아니었습니다. 딸아이를 공장에
보내라는 이도 있었고, 심지어 평양에 유명한 기생
학교가 있는데 거기라도 보내서 식구들 입에 풀칠
이라도 해야 한다고 거드는 이마저 있었습니다. 그
럴 때면 어머니는 얼마나 강단이 있으셨던지, "누
구는 돈을 쌓아 놓고 공부시킵니까?"라고 대꾸하
시며 조금도 물러서거나 굽히시는 법이 없었습니
다.

더욱 놀라운 건, 자녀 교육을 위해 삯바느질에 양말 꿰매는 일, 하숙을 치는 일에서 떡장수에 이르기까지 온갖 궂은일을 다 하시면서도 정작 우리를 향해서는 공부하라고 독촉하거나 강요하신 일이 한 번도 없었다는 점입니다.

"공부는 수수하게 해라. 그러나 늘 정직하고 남들 사정 알아주며 남을 도울 줄 아는 그런 사람이 되거라."

1등이냐 2등이냐를 치열하게 가르는 성적 위주의 경쟁 세계 속에서 친구조차 적으로 여기며 자기중심적으로만 살아가는 편협한 세대의 모습을 어머니는 그토록 경계하셨습니다. 차라리 성적이 평범하더라도 남을 돌아볼 줄 아는 여유 있는 사람이 될 것을 우리들에게 요구하셨던 것이지요. 배움의 목적이 올바른 사람이 되는 데에 있지, 남을 짓밟고 올라가 1등만 하는 사람이 되는 데 있지 않음을 어머니는 그 시절에 이미 새기고 계셨던 듯합니다.

어머니의 그와 같은 여유 덕분인지 누님이나 나

는 여유를 가지고 열심히 배움에 힘썼고, 결과적으로 성적도 좋지 않을 수가 없었습니다.

그러나 안타깝게도 오늘날의 어른들에게선 이 '여유'라는 걸 찾아볼 수가 없습니다. 자녀들이나 손주들에게 오로지 1등만을 요구하며 온갖 닦달도 서슴지 않습니다. 내가 뼈 빠지게 돈 벌어서 공부 시켰는데 성적이 그게 뭐냐, 며 아이를 죄인 다루듯 합니다.

나는 그것이 기성세대가 가진 조바심이요 걱정 때문이란 생각이 듭니다. 1등을 하지 않으면 자녀가 잘못될 거라는 어른들의 걱정과 염려가 자녀들을 늘 경쟁 세계의 한복판으로 밀어 넣고 있다는 것입니다. 그 때문에 부모의 잘못된 압박을 견디다 못해 심신이 망가져 버리는 아이들이 얼마나 많은지 모릅니다. 자식에 대한 어른들의 쓸데없는 기우병(杞憂病)이 부모 자식 사이의 관계도 망치고, 상처만 가득 담은 자녀들로 자라게 하고 있는 실정입니다.

돌아보면 어머니는 마치 그와 같은 요즘 세태를 내다보기라도 하신 듯, 우리들의 어린 날에 이런 이야기를 들려주신 적도 있었습니다.

"어느 농가의 소가 새끼를 가졌는데, 그 집 어린 아들이 이런 말을 했단다. '아버지, 소가 새끼를 낳으면 나 소 새끼 탈 테야.' 그러자 아버지가 버럭 화를 내며 '안 된다. 소 허리 부러진다'고 했어. 아버지의 칼 같은 대답에 어린 아들은 떼를 쓰거든. '그래도 탈 테야.' 아들의 그 말에 아버지는 더 화를 내며 '안 된다. 그러면 소 허리 부러진다'며 소리를 질렀지. 그래도 어린 아들이 말을 안 듣고 타고 싶다고 하니까 아버지가 이번엔 채찍을 들어 어린 아들을 때리는 거야. 아들은 울고 아버지는 때리고 온 집안이 난리가 났어.

소는 아직 새끼를 낳지도 않았는데 소 새끼 타면 허리 부러진다는 말로 어린아이를 잡은 이 아버지야말로 얼마나 못난 아버지냐? 태어난 새끼를 직접 보면 타야 할지 말아야 할지 아이가 그때 가서 알아서 판단할 텐데 말이다."

기성세대가 기우병에 걸리면 다음 세대의 아이들도 그 염려를 품고 삽니다. 그러다 보면 아이의 마음에도 조급함이 생겨 누군가를 배려할 여유가 없어지지요. 따라서 어른들이 먼저 인생의 본질을 통찰하는 지혜가 있어야 합니다. 인생이 100미터 경주가 아니라 마라톤이라는 사실을 똑바로 알고 아이들을 지도해야 할 책임이 있음을 어머니는 이 이야기를 통해 알려 주고 싶으셨던 것 같습니다.

어머니는 그렇게 마음에 여유가 있어서 그러셨는지 인생의 웃음 코드를 잃어버리신 적이 없었습니다. 어머니를 추억할 때마다 발견하는 어머니의 특별한 모습 세 번째가 바로 이 웃음입니다. 어디서 들으셨는지 어머니는 그 고단했던 시절에도 입에서 재미있는 얘기가 늘 샘솟듯 솟아났습니다.

"어느 집안에 아버지의 병환이 위독하여 집안 식

구들이 다 한자리에 모였어. 가족들이 상의 끝에 마지막 약방문으로 청심환을 사다가 한번 대접하기로 했지. 이에 작은아들이 약국으로 달려가고, 맏아들이 임종이 가까워지신 아버지의 얼굴만을 뚫어지게 지켜보고 있었던 거야.

그런데 어찌 된 일인지 돌아올 시간이 지났는데도 약국에 간 작은아들은 오질 않고 아버지의 병세는 점점 악화되어 가는 거야. 맏아들은 심부름 간 동생이 원망스러우면서도 점점 숨이 가빠지시는 아버지에게서 눈을 뗄 수 없었어. 그러다가 너무나 마음이 타 들어간 나머지 어느 순간에 자기도 모르게 아버지를 보며 이런 말이 나왔대. '이 자식이 도대체 살았어 죽었어?' 순간, 둘러앉은 문중이 깜짝 놀라 뒤로 나자빠지고 말았다네."

어머니가 어린 우리들을 모아 놓고 이런 이야기를 들려주실 때면 숨죽여 듣던 우리들은 모두 박장대소를 터트리며 배를 잡고 뒹굴곤 했습니다. 그 덕분에 동네에서도 손꼽히게 가난한 집이었던 우리 집에선 웃음소리가 끊이는 법이 없었습니다.

유머가 가득했던 어머니의 그와 같은 모습은 노년까지도 이어졌습니다. 그 부하시던 몸이 심장병과 당뇨로 인해 볼품이 없을 만큼 여의셨을 때도, "요새는 살이 빠져야 미인이라구. 그래서 나도 이렇게 날씬해졌다"며 병문안 온 사람들에게 웃음을 안기곤 하셨습니다. 그때 나는 알겠더군요. 노인이 끝까지 간직해야 할 미덕 중 하나가 바로 이 웃음이란 걸.

주름진 얼굴에 퍼지던 어머니의 그 웃음이야말로 어머니를 기억하는 모든 사람과 자식들에게 따뜻한 추억을 만들어 주고 있었던 것입니다.

우리는 모두 노인이 되기까지 자의에 의해서든 타의에 의해서든 많은 것을 잃어버리며 살았습니다. 그러나 어떤 풍파 속에서도 빼앗기지 않는 것이 있다면 그것은 바로 이와 같은 추억의 그림들일 겁니다.

나 역시도 말하고 듣고 움직이고 일하는 모든 능력이 점차 사라져 버리는 세월 속에서도 내 가슴속에 살아 숨 쉬는 어머니에 대한 추억으로 인해 어느덧 행복으로 피어나는 스스로의 모습을 느낄 수 있습니다. 지나온 날들에 대한 회상이 많아지는 노년의 때에 어머니는 추억만으로도 배부르고 다시 뜨거운 심장으로 살아날 수 있다는 사실을 내게 알려 주고 계신 것입니다.

　그렇다면 우리도 누군가에게 그런 따뜻한 추억을 남기고 갈 수 있다면 오죽이나 좋을까요. 누군가 나를 추억할 때마다 사랑받았음에 행복해하고 여유와 웃음을 배웠음에 기뻐하며 인생을 보내게 된다면, 우리도 소중한 무엇을 다음 세대의 가슴속에 남겨 주고 가는 셈이 되지 않을까요.

　인생의 회상이 많아지는 노년의 때에, 우리가 갖고 있는 배부른 추억의 편린들은 우리의 남은 생애 동안 해야 할 일들에 대한 바로미터를 제공해 줍니다. 누군가에게 사랑의 추억을 선물하는 일이야말로 우리 늙은이들이 열심을 다해서 해 봄 직한 일임을 추억을 회상하는 우리의 뜨거워진 심장은 말하고 있는 것 같습니다.

유산...

민족을 살리는 건 돈이 아니다

사람이 평생 동안 하는 말 중 가장 진실한 말은
무엇일까요? 여러 의견이 있을 수 있지만 아마도
'유언'이 그 답에 가까우리라 생각합니다. 유언은
문자 그대로 '남기고 가는 말'이 아닙니까. 새도 죽
을 때 가장 슬픈 울음을 남기듯 사람도 죽을 때가
되면 일생의 가장 진실한 말 한마디를 남길 가능성
이 많아지기 마련입니다.

그렇다고 모든 사람이 죽을 때가 되면 저절로 진
실한 유언을 남기게 된다는 말은 아닙니다. 생이

점점 다해 가는 노년의 삶이 보다 더 진실해질수록 마지막 순간에 남기는 유언도 더욱 진실해질 수 있을 겁니다. 거짓으로 점철된 삶 속에서 참된 말이 나오는 법은 없을 테니 말입니다.

그런 면에서 노년을 맞은 우리에게는, 사실을 사실 그대로 받아들이는 모습이 무엇보다 필요한 것 같습니다. 이미 늙었을 뿐 아니라 이제는 죽음을 향해 가고 있는 현실을 솔직하게 인정하는 데서부터, 진실한 삶도 시작될 수 있다는 말입니다.

그러나 우리 주변엔 자신이 늙었거나 언젠가 죽을 존재라는 사실을 받아들이지 않은 채 살아가는 사람이 생각보다 많습니다. 그렇게 되면 후손들이 얼마나 고생하는지 모릅니다. 단적인 예로, 언젠가 죽게 되리라는 걸 인정하지 않고 재산을 끝까지 쥐고 있다가 어느 날 홀연히 떠나 버린 부모로 인해 재산 싸움에 혈투가 벌어진 자식들의 모습이 그렇습니다.

또한 젊은 시절처럼 소유에 대한 탐욕의 끈을 놓지 않은 채 움켜쥐려고만 하는 노인의 모습은 여러 사람의 눈살을 찌푸리게 합니다. 움키고 있던 나의 소유를 풀어 여러 사람을 다독이는 모습이 아니라, 이 땅에서 천 년 만 년 살 사람인 양 긁어 담기에만 혈안이 된 노인의 모습은 추하지 않을 수 없습니다.

그래서 우리는 사람이 나이가 든 뒤에야 그 사람의 신앙이 참인지 거짓인지를 제대로 알 수 있습니다. 죽음을 받아들이고 유언을 준비하면서 진실하게 미소 짓고 평안하게 이 땅을 떠날 수 있느냐, 아니면 이 땅의 영화로운 것들에 집착하면서 흐르는 세월을 계속적으로 거부하는 거짓된 삶을 사느냐가 인생 노년이 되면 현실에서 확연히 드러나는 법이니까요.

시인 예이츠(W. B. Yeats, 1865-1939)도 이와 같은 노년기에 대해 다음처럼 노래했습니다.

잎은 무성해도

뿌리는 오직 하나
내 젊음의 거짓 많던 그 시절
그 잎사귀와 꽃들을 햇빛에 흔들었건만
나 이제 시들어 진리가 될 건가!

이 시의 고백대로, 노년에는 젊은 시절의 자만심이나 허영심을 다 버리고 진리를 찾을 수 있는 참된 신앙의 길에 들어서야 합니다. 그럴 때라야 우리는, 가고 오는 세대에 남길 묵직한 유언 몇 마디를 우리 생애에서 뽑아낼 수 있습니다. 만약 진리를 알지 못한다면 진실과는 거리가 먼, 새털처럼 가볍게 사라질 유언밖에는 남길 게 없지 않겠습니까.

물질 만능주의로 가득 찬 이 세대를 보면 이 사실을 확인할 수 있습니다. 한 나라의 지상 목표나 한 가문의 지향점이 무엇인가 하면 대부분 '물질적 번영'입니다. GNP가 향상되고 가계 수입이 증가한다고 해서 위대한 민족, 위대한 가문이 되는 게 아닌데도 불구하고 모두가 '돈'을 좇아 살고 돈을 남겨 주기 위해 살아갑니다. 그러다 보니 한 사람이 살다가 떠날 때가 되어도 후손들에게 남겨 줄 유언이란 게 전부 돈과 관련된 내용이거나, 얼마 안 가 가슴속에서 사라져 버릴 유물론적 내용밖에는 없습니다. 심지어 돈이 없으면 남길 유언도 없다고까지 생각합니다.

하지만 역사의 흐름을 놓고 볼 때 민족적으로나 가정적으로 우리가 남겨야 할 게 있다면 그것은 단 하나, 의(義)입니다. "너희는 먼저 그의 나라와 그의 의를 구하라 그리하면 이 모든 것을 너희에게 더하시리라"(마 6:33)라는 성경 말씀처럼, 옳음을 따라 살 때라야 이 민족과 가문은 건실하게 세워질 수 있습니다.

먹는 것, 입는 것이 부족하다고 해서 민족이 망하는 게 아니란 얘깁니다. 오히려 물질적인 것만을 좇아 살다가 정신적 유산이 텅 비어 버리는 바람에 민족과 가문이 멸망한 예가 역사에는 훨씬 많습니다.

우리 민족 역시 물질 만능주의의 세태 속에서 위대한 정신적 유산을 잃어버리는 것만 같아 안타깝기 그지없습니다. 월급을 많이 받는 사람은 성공한 사람이고 월급을 적게 받는 사람은 그렇지 못한 사람으로 당연하게 평가하는 현시대의 모습은 정말 기가 찰 지경입니다. 왜 이 민족이 돈으로 사람의 인생을 평가하는 민족이 되어 버렸는지 모르겠습니다.

우리가 세상을 떠나면서 꼭 남겨 줘야 할 말이 있다면, 그것은 언제까지나 자손들의 가슴에 잊히지 않을 정신적 유산이어야 합니다. 그것은 곧, 돈보다는 진리와 정의, 자유와 진실에 대한 얘기를 유언으로 남길 수 있을 만한 인생을 살아야 한다는 뜻입니다.

1968년에 만들어졌다가 2003년에 폐지된 우리나라의 '국민교육헌장'을 보면 어떤 사람이 그와 같은 의의 유언을 남길 수 있는지 알 수 있습니다. 우리나라 교육의 근본 지침을 담았다는 국민교육헌장은 좋은 내용도 있습니다만, 정말 중요한 '정의'에 대한 언급이 없었습니다. 그럴 수밖에 없는 게 그 국민교육헌장이라는 것을 그 당시의 집권층이 만들었거든요. 집권층으로서는 국민들이 정의를 주장하면 입장이 매우 곤란할 수밖에 없었을 겁니다.

오죽했으면 역대 정권 가운데에는 3·1절을 두려워한 정권이 많았다는 얘기가 있겠습니까. 3·1절은 이 민족이 정의를 주장한 날이기에, 그날만 되면 국민들 가슴에 정의에 대한 염원이 일어날까 싶어 신경을 곤두세웠다는 말입니다.

이렇듯 한 나라의 집권층도 무엇을 기반으로 정권을 잡느냐에 따라 외치는 내용이 다른 법인데, 한 사람의 노인이라면 어떠하겠습니까. 그 역시 자신이 마지막 길을 어떻게 살아가고 있느냐에 따라 후손에게 남길 수 있는 유언의 내용이 다를 수밖에 없습니다.

그래서 우리는 나이가 들수록 하나님을 의지하는 인생이어야 합니다. 만약 인생의 노년에 신앙이 없다면 물질 만능주의로 흐르는 세상의 거대한 흐름을 도저히 이겨 낼 재간이 없습니다. 먹고사는 일에 모두가 목숨을 건 세상 속에서 자기도 모르게 돈을 하나님처럼 여기며 살게 됩니다. 돈이 없으면 나 자신도 집안도 망할 수밖에 없다는 세상의 외침에 평생 속고 살다가 마지막 순간에도 돈을 외치며 떠나게 되는 것입니다.

교사, 검사, 변호사, 의사 등 '사' 자가 들어간 좋은 직업군의 사람들이 부정 축재를 일삼는 이유가 무엇이겠습니까? 하나님이 아니라 돈을 의지하다 보니 돈이 없으면 도저히 생활이 안정되지 않을 거라는 두려움이 그들을 부정 축재의 자리로 인도해 버리는 것입니다.

하지만 하나님을 두려워하고 그분을 믿는 신앙이 있으면 돈에 얽매이지 않는 참자유의 삶을 살 수 있습니다. 가난하게 살아도 긍지를 느끼고, 돈이 없어도 풍요롭게 삽니다. 마음껏 사랑하고, 기쁘게 베풀며, 인생의 소중한 것들을 추구하며 살아갑니다. 인생 노년에 돈이 없어도 누구보다 굵직한 유언을 남긴 채 예수 그리스도의 품으로 평안히 떠날 수 있음을 믿음의 선배들은 얼마나 많이 보여 줬는지 모릅니다.

　무엇이든 움켜쥐어야 산다는 물질적 가치관은 우리의 인생을 위험하게 이끕니다. 그러나 움켜쥐었던 손을 펴고 하나님 나라를 소망하며 나누는 삶을 살게 되면, 그는 그때부터 안정적인 인생으로 흐르게 됩니다.

　마치 한강의 발원지라는 검룡소의 조그만 계곡이 자신의 몸을 풀어 아래로 흘러가기 시작할 때, 그것이 한강으로 흐르다가 마침내 태평양까지 다다르듯, 인생 노년에 내 손에 쥐고 있던 것들을 펴서 하나님 나라를 향해 흘러가기 시작하면 그는 마침내 영생의 삶에 이르고, 후손들에게는 한강 젖줄과 같은 생명의 유언을 남기게 되는 것입니다.

떠나야 할 날이 점점 가까워지는 이때, 나는 저녁 노을이 빚어내는 아름다운 풍경을 바라보다가 내가 남길 유언장의 내용을 다시 점검해 보곤 합니다. 아침에 붉게 떠올랐던 해가 저녁이 되어 사라질 때면 빨, 주, 노, 초, 파, 남, 보의 모든 빛을 흩어 저녁 하늘에 뿌려 놓고 가는 이 자연의 원리 앞에서 나도 흩어 보내야 할 빛이 없나를 돌아보게 됩니다.

이 세상을 온화하게 하는 저녁노을의 장엄한 아름다움이란 기실 빛을 풀어 놓고 떠나는 해의 유언과 같은 뒷모습이었음을 모두가 기억하기를 바랍니다.

자기중심성을 극복해야 전쟁이 없다

근간에 사람들을 만나 보면 하나같이 그 마음에 평안이 없어 보입니다. 마음 놓고 살 수 없는 세상에 대한 불안감이 거의 모든 사람에게 엄습해 있다고 해야 할까요. 생존에 대한 위협이 어제오늘 일이 아님에도 불구하고 왜 우리는 점점 커져 가는 불안과 공포에 시달려야 하는지 그 원인을 찾아 대책을 강구해야 할 때인 것 같습니다.

사실, 시대를 막론하고 사람이 불안과 공포와 위협을 느끼는 근본적인 원인은 하나입니다. 바로

'자기중심성'이지요. 사람이 자아를 극복하지 못하다 보니 스스로 불안을 느끼기도 하고, 또한 사회적으로 막강한 불안을 조성하기도 합니다.

　나는 한때 우주의 중심을 나로 보았던 까닭에 어디서나 내가 주인공이 되어야 하고, 내가 관심을 받아야만 한다고 여겼습니다. 부모나 형제는 물론, 친구나 이웃에게서 받는 사랑도 내 것인 양 독차지하려고만 했었지요. 그래서인지 나는 공부든 뭐든 1등을 해야 마음이 편했습니다. 사랑받는 것이든 1등이든 좋은 것은 뭐든 내 것이어야 한다고 착각했기 때문입니다. 내가 2등을 하거나, 나 아닌 다른 사람이 칭찬을 받으면 무척이나 마음이 상하고 내심 불안하기조차 했던 것 같습니다.

　그런데 어른이 되어 가면서 내가 만사에 제일일 수도 없고, 이 세상에는 나만 사는 게 아니라 나 밖의 무수한 '나'가 살고 있음을 알게 되었습니다. 받기만 하려는 나 중심적인 생각이 얼마나 나와 세상을 불안하게 흔들어 놓는지도 깨닫게 되더군요. 어머니를 비롯한 주변 사람들의 사랑하는 모습을 보면서 사랑이란 흘려보내는 것임도 알게 되었습니다.

그러자 차츰 자기중심성이 극복되어 나갔습니다. 받으려고만 하기보다 주려고 하고, 내가 주인공이 되려고 하기보다 누군가를 그 주인공의 자리에 앉혀 주려는 모습이 생겨나기 시작했습니다. 그런 만큼 내게는 불안 대신 평안이 찾아왔던 것 같습니다.

이렇듯 한 개인의 삶에서도 자기중심성이 극복되면, 스스로 느끼는 불안도 떠나가고 주변에도 평화를 가져오기 마련입니다.

그러나 누군가 나이가 들어 가면서도 이 자기중심성을 극복하지 못하고 계속적으로 힘을 축적해 나가는 일에만 집중한다면 그 사람은 주변을 불안하게 할 뿐 아니라 더 나아가 세상을 파괴하는 전쟁까지도 일으킬 소지가 있습니다. 전쟁이 어떤 때 일어납니까? 내가 주장하는 바를 굽힐 수 없을 때, 그럴 때 전쟁이 일어납니다. "내가 우주의 중심이니까 너는 나를 섬겨야 하지 않느냐"는 외침을 굽히지 않으면 전쟁마저도 간단하게 터트릴 수 있는 게 인간인 것입니다.

우리 조국의 경우만 봐도 그렇습니다. 남한에서 출산율 감소가 문제다, 자원 고갈이 문제다, 환경 파괴가 문제다, 라며 조국의 발전을 위해 여러 방안을 내놓으며 애를 써 봐도, 자기들 주장이 받아들여지지 않을 때마다 끝까지 그 주장을 관철시키려는 북한으로 인해 온 나라는 순식간에 전쟁의 공포에 휩싸입니다. 그때마다 국민들은 그동안 애쓰고 힘쓰며 꿈꿔 왔던 모든 것이 물거품처럼 사라질지 모른다는 불안에 시달립니다.

우리는 이미 그와 같은 전쟁을 치른 세대이기에 전쟁이라는 말 앞에서 갖는 불안이 더더욱 클 수밖에 없는 것입니다.

실제로 나의 20대는 6·25전쟁으로 인해 좌절과 환멸과 불안의 나날이었습니다. 당시 나는 연희대학교(지금의 연세대학교) 영문과 졸업반 학생으로 총학생회장에 당선되어 여러 교우들과 더불어 학교를 바로잡아 보려는 큰 꿈에 부풀어 있었습니다. 1950년 6월 26일 노천강당에 함석헌 선생님을 모시고 강연을 열었던 것도 그와 같은 움직임 속에 이루어진 일이었지요.

그런데 그 순간, 맑게 갠 하늘 위로 여러 대의 비행기가 날아다니더니, 요란한 대포 소리마저 들려오는 게 아니겠습니까. 전날 새벽에 시작되었던 6·25전쟁이 모든 일상의 꿈을 사라지게 하는 걸 그 현장에서 목격할 수 있었습니다. 결국 나는 학생회 간부들과 함께 학교를 지켜보겠다고 밤을 새우며 남아 있다가 27일 새벽에야 학교 회계과에서 주는 여비를 받아 쪽배를 타고 한강을 건너 정처 없는 방랑의 길을 떠났습니다.

그러나 그때의 그 망연함과 불안과 공포로 인한

젊음의 방황은 전쟁이 끝난 지금까지도 청산되지 않은 채 남아 있는 듯합니다. 무력으로 모든 걸 해치워서라도 자신이 원하는 바를 얻어 내려는 전쟁에 대한 환멸은 세월이 흘러도 결코 사라지지 않더라는 것입니다.

자기중심성이 극대화되어 나타나는 전쟁의 위험을 막아 내기 위해서라도, 이제 우리는 민족주의의 폐해에 대해서도 점검해야 합니다. 이 나라 국민들을 각성시켜서 조국애를 심어 주는 측면에서의 민족주의는 받아들여야 하지만, 우리 민족만이 최고이고 우리만 독립적으로 잘살아 가야 한다고 외치는 민족주의라면 히틀러의 침략주의와 다를 바 없음을 알고 경계해야 한다는 얘기입니다.

세계화 시대에 돌입한 지금, 우리는 안으로 한민족으로서의 긍지를 갖고 내가 누구인가를 찾아가되, 밖으로는 다양한 민족과 협력해서 더불어 사는 국제주의적인 태도를 견지해야 할 때입니다. 만약 우리가 지구 어딘가에서 굶주리거나 핍박받는 사람들은 외면한 채 우리끼리만 GNP를 높이며 배를 두드리고 있다면 하늘에 계신 이가 웃지 않으시겠습니까. 공의로우신 하나님이 보시기에 우리가 어떻게든 여러 나라와 협력해서 더불어 살아가기를 바라실 거라 그 말입니다.

그러나 현실을 보면 나라와 나라 사이의 협력은 물론, 개인과 개인의 협력조차 도무지 이루어지지 않는 실정입니다. 누구나 자기가 우주의 중심에 서려고 안간힘을 쓰다 보니 "내가 제일인데, 네가 그걸 인정 안 해?"라는 논리로 얼마나 많은 전쟁이 세계 곳곳에서 일어나는지 모릅니다.

이대로라면 3차 대전은 일어날 수밖에 없습니다. 1차 세계대전 당시, 미국의 윌슨(Woodrow Wilson, 1856–1924) 대통령이 미국을 그 전쟁에 투입시키면서 "전쟁을 끝내는 전쟁을 하겠다"고 했습니다만, 어디 그렇게 되었습니까? 1차 대전이 끝난 지 얼마 안 있어 2차 대전이 일어나고 말았습니다. 그렇게 2차 대전의 참혹한 실상을 겪고 나자 세계인들은 한결같이 3차 대전만은 일어나선 안 된다고 외치고 있습니다.

그러나 끊임없는 힘겨루기를 하는 인간의 본성이 달라지지 않는 이상, 3차 대전은 언제고 일어날 수밖에 없습니다. 인류가 자기만 아는 유아 단계를 벗어나 진정으로 철이 들어야만 전쟁에 대한 불안이 사라질 텐데, 여전히 자기만 아는 어린아이 단계에서 도무지 성장하질 않으니 전쟁의 가능성이 언제든 열려 있다 그 말입니다.

우리는 사람이 때를 따라 나이를 먹으며 철이 들어 간다는 걸 큰 축복으로 여겨야 합니다. 어린 시절 그토록 자기중심적이어서 나 자신과 주변 사람들을 힘들게 했던 나란 사람도, 하늘의 뜻을 헤아린다는 나이 오십이 넘고, 하늘의 이치를 안다는 육십이 넘어가면서부터는 별 볼 일 없는 나 자신의 모습을 솔직하게 받아들이며 주변 사람들과 더불어 평화롭게 살아가게 되었으니까요.

최고가 아니면 못 견뎌 하던 자존심도 다 사라져 서는. 권력자나 힘 있는 자들이 나를 건드려도 그 들을 향한 미움이나 원망조차 들지 않습니다. 그러 니 자연 내 삶에 싸움이 그치고 평화가 찾아올 수 밖에요. 이 모두가 노년이 내게 안겨 준 크나큰 선 물이 아닐 수 없습니다.

내가 제일인 줄 알고, 또 내가 제일이어야 한다 고 여기는 유아적 발상이 사라지지 않는 한, 이 세 상에 평화는 찾아오기 힘든 법입니다. 그러므로 이 자기중심성을 극복한 노인의 때야말로 얼마나 사 람답게 살 만한 때인지 모릅니다.

다시 말해 이 세상은 노인들이 있기에 이만큼의 평화가 지켜진다고 볼 수 있습니다. 화려해 보이는 구석이라곤 조금도 없이 그저 허허거리며 콩 한 쪽 을 이웃과 함께 나눠 먹는 철이 든 노인들이, 사실 은 세계 평화의 진정한 수호자라는 사실 앞에서 우 리는 경의를 표해야 할 것입니다.

사명…

지금 숙제를 풀고 있는가

우리가 잘 아는 대로, 소크라테스(Socrates, BC 470-399)는 "너 자신을 알라"라는 말을 남겼습니다. 우리는 때로 이 말을 장난처럼 쓰기도 하지만, 철학적으로나 역사적으로 이 말은 매우 중요한 의미를 지닙니다. 따지고 보면 철학의 출발이 그 말에서 비롯되었고, 역사의 발전 역시 나를 아는 것, 내가 어떤 존재인가를 인식하는 데서부터 시작되기 때문입니다.

그러면 나는 과연 누구이며, 어떤 존재일까요?

인류가 시작되었던 그 옛날에는 나를 인지하지 못했습니다. 모든 걸 핏줄이나 부족의 개념으로만 생각했던 터라 국가의 일원으로서의 나, 가족의 일원으로서의 나만을 생각할 뿐, 나란 존재를 하나의 개체로 볼 줄 몰랐습니다. 가톨릭교회가 전권을 잡았던 중세 천 년에도 그런 모습은 계속되었습니다.

그러다 르네상스라는 새 시대를 맞으면서 비로소 자아의 발견이 시작됩니다. 이른바 나에 대해 눈을 뜬 시기를 맞이한 것인데, 그것이 얼마나 혁명적이었는지 나중에는 이로 인해 민족주의까지 탄생하게 됩니다.

그런데 그 후로 500년의 세월이 흐르자 이 민족주의가 제국주의라는 타락한 모습으로 변질되어 나타나고 맙니다. 나 자신을 중요하고 소중한 존재로 인식한다면 남도 소중하고 중요하게 여기는 모습으로 나아가야 하는데, 어떻게 된 게 나는 중요한 존재니까 너는 깔아뭉개도 된다는 식으로 엉뚱하게 방향이 흘러간 셈입니다. 이것은 애초에 나라

는 존재에 대한 바른 인식을 못 가졌기 때문이라
볼 수 있습니다.

　사실 나를 제대로 알지 못하므로 너에 대한 바
른 개념으로 나가지 못했던 모습은 중세 유럽 시절
부터 있었습니다. 그들은 유럽 밖에는 세상이 없는
줄 알았습니다. 그 바깥에 나가면 우주 밖으로 떨
어지는 거라 여기곤 했지요. 동양 사람들도 마찬가
지였습니다. 그들은 사방에 있는 사람들을 모두 야
만인들로 봤습니다. 일종의 중화사상입니다. 우리
만 사람 같은 것이고 나머지는 모두 털이 돋아난
짐승들이다, 생각하며 살았으니 교만하고 배타적
인 우월주의에 빠질 수밖에 없었습니다.
　이 모두가 나를 제대로 찾지 못했기 때문에 너와
의 올바른 관계를 맺지 못한 예들입니다. 어떤 면
에서 인류는 지금까지도 나를 제대로 못 찾고 있는
듯합니다. 내가 누구인지를 제대로 모르니 너에 대
한 개념을 가질 수가 없다는 것입니다.

그런데 성경을 보면 나와 너에 대한 명쾌한 자화상이 제시되어 있습니다.

성경에서는 먼저 나에 대해 '사랑받는 존재', 그 자체라고 말합니다. 죄인인 채로 태어나 생각하고 추구하는 것이 악하기만 한 나를 전지전능하시고 거룩하신 하나님이 끊임없이 사랑하신다고 합니다. 얼마나 나를 사랑하시는지, 하나님 자신인 예수님이 오셔서 나를 위해 대신 죽으실 만큼이라고 합니다. 덜떨어지고 부족하기만 한 나를 나의 어머니가 생명을 걸고 사랑하셨던 것처럼, 나란 존재는 그렇게 하나님으로부터 '사랑받는 사람'이라고 성경은 강조하고 있습니다.

너에 대한 개념도 마찬가지입니다. 내가 사랑받는 존재이기에 이제 나는 너를 '사랑'의 차원으로 대해야 한다는 걸 성경은 말합니다. "네 이웃을 네 자신같이 사랑하라"(마 22:39)라는 예수님의 말씀이 이를 확인해 줍니다. 즉 "내가 누구인가? 나는 사랑받는 하나님의 자녀다. 그러면 너는 누구인가? 너는 내가 내 목숨처럼 사랑해야 할 내 이웃이다"라는 게 나와 너에 대한 성경의 메시지라 그 말입니다. 하나님은 나와 너의 정체성을 사랑의 개념으로 설정해 놓으시고, 너를 사랑하는 것이야말로 내가 풀어야 할 숙제임을 성경을 통해 알려 주고 계십니다.

오래전 나는, 알래스카에 큰 지진과 해일이 났던 모습을 담은 〈생존〉이라는 다큐멘터리를 본 적이 있습니다. 당시 30분 정도 계속된 지진으로 4-5천 명의 부상자와 130여 명의 사망자가 발생했다고 합니다. 인구가 워낙 적은 땅이라 엄청난 천재지변에 비해 사망자 수가 적은 편이었다고는 하지만, 온 땅이 갈라지고 건물이 무너져 내린 모습은 차마 눈 뜨고 볼 수 없는 지경이었습니다.

그런데 그 다큐멘터리 영상에서 지금도 선명하게 내 뇌리 속에 남아 있는 모습이 있습니다. 형체를 알아보지 못할 만큼 무너져 내린 건물 더미 속에서 기적처럼 무언가가 자꾸 기어 나오는 장면이 그것입니다. 어떤 사람은 집에 아이와 개를 두고 잠깐 밖에 나간 사이에 사고를 겪은 터라, 집이 다 무너져 내린 한참 뒤에야 건물 잔해를 헤치며 집 안으로 들어가 아이와 개를 찾기도 했습니다.

그런데 놀랍게도 침대 밑에 피해 있던 아이가 살아 있는 모습으로 자신을 애타게 찾는 엄마에게 돌아오는 게 아니겠습니까. 잠시 후엔 그 집의 개 한 마리도 비틀거리며 주인 품으로 살아 돌아오더군요. 아, 얼마나 경이롭고 기쁘던지요.

더욱 잊히지 않는 모습은 그 이후에 이어진 인터뷰 장면이었습니다. 알래스카에 살면서 호되게 천재지변을 당한 사람들에게 한 기자가 "이제 어떻게 할 계획입니까?"라고 물었습니다. 그러자 어떤 사람은 미국 본토에 돌아가겠다고 하고, 어떤 사람은 친척 집이 있는 동네로 이사 가겠다고 했습니다. 모두들 그 얼굴에 절망과 한탄의 표정을 담고 있었지요. 그런데 한 여자분이 이렇게 말하더군요.

"나는 여기 살 거예요. 다 여기를 떠난다 해도 나는 여기에 내 집을 짓고 다시 살아 볼 거예요."

이 말을 하며 그 여자분은 놀랍게도 웃음을 지어 보였습니다. 사랑하는 이들이 더러 죽고, 갖고 있던 것들은 다 사라져 버렸는데도, 그분은 미소를 지어 보이며 여기에서 끝까지 살 거라 말하고 있었습니다.

그 모습을 보고 있자니 나는 그 여자분이 이 땅을 사랑하고 이웃을 사랑하라는 '예수님의 숙제' 때문에 웃는 거라는 생각이 들었습니다. 만약 그 숙제가 아니라면 살아남았다 한들 어떻게 웃겠습니까. 모든 걸 잃다시피 한 그 자리에 주저앉아 울어야만 합니다. 그런데 이렇게 된 판국에도 그 여자분이 희망을 갖고 거기서 다시 시작하겠다는 마음을 가질 수 있는 건 '다시 사랑하라'는 숙제를 풀고 싶은 의욕이 알게 모르게 그분을 붙들고 있었기 때문일 겁니다. 누군가를 향한 사랑의 열정이야말로 죽음보다 강하고 절망보다 강한 것 아니겠습니까.

웃어야 합니다. 건물이 무너졌어도, 나이들고 병들어 쇠약한 육신을 지니고 있어도 우리는 살아야 합니다. 살아서 무너진 집을 조금이라도 다시 세워 보고, 새로 태어난 강아지 새끼도 보듬어 줘야 합니다. 우리가 살아 있다면 우리에겐 그렇게 살아서 사랑해야 할 숙제가 남아 있다는 뜻이기 때문입니다.

내가 존경하고 그리워하는 월남 이상재(1850-1927) 선생도 그런 숙제를 풀다가 가신 분입니다. 그분은 나라를 잃었던 구한말에 탐관오리의 부패상을 탄핵하다가 옥고를 치르면서 성경을 처음 접하셨고, '기독교가 아니면 이 나라를 구할 수 없다'는 믿음으로 기독교 신자가 되신 후, 나라를 잃고 방황하는 이 땅의 청년들에게 길을 열어 주며 사신 분으로 유명합니다.

평생을 가난하게 살면서 단 한 번도 권력이나 금

력 앞에 무릎을 꿇어 본 적이 없으셨지요. 그러면서도 그분에게는 동포를 향한 따뜻하고 부드러운 사랑이 넘쳐서 죽는 날까지 이 땅의 가난한 청년들을 돕는 일에 힘을 쓰곤 하셨습니다.

추상같은 의기가 서린 삶이었으면서도 그 의에 치우쳐 다른 사람을 가혹하게 대하는 게 아니라, 하나님의 따뜻한 사랑으로 이웃을 섬기는 희생과 봉사의 본보기이기도 했습니다. 그래서 에이비슨(Oliver R. Avison, 구한말 미국 선교사)은 그분을 가리켜 '한국의 거인'이라고 표현했습니다. 그러다 보니 월남이 세상을 떠났을 때 2천만 동포가 하나같이 얼마나 슬퍼했는지 모릅니다.

사랑이 메말라 가는 오늘의 현실 속에서 월남 선생의 생애는 사람의 크기가 곧 사랑의 크기임을 알려 줍니다. 너를 향해 흘려보내는 사랑이 없으면 인간이 제아무리 많은 업적과 성취를 남긴다 해도 아무것도 아니라 그 말입니다.

소위 성공했다는 사람들 중에서 평생 자기 자신

만을 사랑한 나머지 그가 떠난 자리에서 슬퍼하는 이가 아무도 없음을 우리는 보지 않습니까. 개 한 마리만 사랑해 줘도 그 개가 주인이 떠난 자리에서 하염없이 우는 법인데, 많은 재산과 업적을 남긴다 한들 아무런 사랑을 남기지 못한다면 그 뒷모습이 한없이 초라하고 쓸쓸할 수밖에 없다는 것입니다.

　사랑만이 떠나는 자의 뒷모습을 의미 있고 아름 답게 한다는 사실을 이 시간에 마음에 담았으면 좋 겠습니다. 노인이라면 살아오는 동안 이미 많은 사 랑을 주었겠지만, 그래도 아직 우리 가슴엔 줘야 할 사랑이 가득 고여 있음을 깨달았으면 합니다. 사랑이란 속성 자체가 퍼내면 퍼낼수록 계속 샘솟 는 것임을 우리의 가슴에서 보자는 말입니다.
　그리고 이 사랑을 전하기 위해 우리는 이제 일어 나야 합니다. 마지막 진한 국물처럼 우리 가슴에 고여 있는 그 사랑을 나누기 위해, 저기 어디쯤 손 잡아 달라 눈짓하는 우리 이웃을 향해 가야만 할 때입니다. 가서 이 저녁에 국수 한 그릇이나마 나누며 그가 사랑받는 존재임을 알려 줘야 할 숙제가 우리에게 남아 있습니다. 이 숙제를 푸는 것으로 기쁨을 누리고, 이 숙제를 풀며 역사의 흐름 속으로 걸어가야 할 때, 그때가 바로 지금입니다.

사랑만이 떠나는 자의 뒷모습을 의미 있고

아름답게 한다는 사실을

이 시간에 마음에 담았으면 좋겠습니다.

노인이라면 살아오는 동안

이미 많은 사랑을 주었겠지만,

그래도 아직 우리 가슴엔 줘야 할 사랑이

가득 고여 있음을 깨달았으면 합니다.

사랑이란 속성 자체가 퍼내면 퍼낼수록

계속 샘솟는 것임을 우리의 가슴에서 보자는 말입니다.

3부
나도 너처럼 늙어가리라

우리가 자라고 자라 진정으로 성숙한 노인이 되려면, 내 힘만을 의지하여 악착같이 살아왔던 생활을 내려놓고, 겸허히 하나님께 나아가 그분만을 붙드는 순간을 지나야만 합니다. 야곱을 주제로 한 찬송가 가사 그대로, "천성에 가는 길 험하여도 생명길 되나니 은혜로다 천사 날 부르니 늘 찬송하면서 주께 더 나가기 원합니다"(찬송가 338장)라는 찬송을 날마다 부를 수 있어야 합니다.

하늘에 줄을 대면 비굴하지 않다

세계 여러 나라를 다녀 보면 사람들이 추구하는 게 대동소이하다는 사실을 발견하게 됩니다. 각종 음식을 팔기 위한 음식점하며, 유행을 주도하는 옷 가게, 빈민가들 사이에 높이 솟은 크고 화려한 집들…. 이는 의식주의 가치를 높게 둔 채 부귀와 공명과 장수를 추구하는 인간상의 공통점을 보여 줍니다.

그러고 보면 재래 유가(儒家)에서 말하는 다섯 가지 복의 내용도 같은 맥락으로 이해가 됩니다.

세상에 사는 동안 돈 많이 벌어서 고대광실 높은 집에서 호의호식하며 잘살기를 바라는 게 인간의 공통된 희망 사항임을 이 모두는 우리에게 알려 준다는 겁니다.

성경에 나오는 인물 중 그런 복을 갈망했던 대표적인 사람이 야곱이었습니다. 인생의 의의를 도덕적, 사회적 이상을 실현하는 데 두는 이상주의자들과 달리, 야곱은 땅에서 받는 부귀영화를 추구하는 경향이 강했던 사람이었습니다. 차자로 태어났으면서도 늙어 사리 분별이 어두워진 아버지 이삭을 속여 장자 에서가 받을 축복 기도를 인위적으로 가로챘던 모습은 그 단적인 증거이지요.

물론 현실의 복을 추구하는 모습을 나쁘다고만 할 수 없습니다. 사람으로 이 땅에 태어난 이상 우리는 발에 땅을 붙여 살아야지, 공중에만 붕붕 떠다니며 살 수는 없으니까요. 더구나 현실에 대한 감각이 상실되어 버리면 추구하는 이상이라는 것도 뜬구름 잡는 물거품일 수 있습니다.

다만 야곱에게서 느끼는 아쉬움은 땅에서 받는 복에 연연한 나머지 인간적인 술수마저 서슴없이 자행하는 기회주의자의 모습이 강하게 보인다는 데 있습니다. 이런 모습이 계속된다는 건, 그 사람의 삶이 사람을 위해 의식주가 있는 게 아니라 사람이 의식주를 위해 존재하는 형태로 흘러갔음을 알려 줍니다. 만물을 다스리며 살아야 할 사람이 오히려 만물의 다스림을 받는, 사실상 의식주의 노예와 같은 모습으로 살아갔다는 뜻입니다.

그런데 하나님은 그렇게 살아가는 야곱에게도 은혜를 주십니다. 은혜가 바로 그런 것이지요. 잘나고 착하기 때문에 주어지는 게 아니라, 잘난 척하고 이기적인 우리 같은 사람에게도 주어지기 때문에 은혜라 하는 겁니다. 하나님은 그 옛날에도 축복 기도를 인위적으로 가로채어 도망치던 야곱의 꿈에 찾아오셔서 그분의 사랑을 나타내 보이셨습니다. 땅에서 하늘 꼭대기까지 닿는 사다리가 보이고 그 위로 하나님의 천사들이 오르락내리락하는 장면이 그것입니다. 일명 '야곱의 사닥다리'라 불리는 장면이지요.

하나님은 그때, 사기꾼 야곱에게 "네가 복을 받아 네 후손이 땅의 티끌만큼 불어날 것인데, 그동안에 내가 너와 늘 함께 있어서 네가 어디로 가든지 너를 지켜 줄 것이고 기어이 이리로 다시 데려올 것이다. 너에게 약속한 것을 다 이루어 줄 때까지 나는 네 곁을 떠나지 않겠다"고 말씀하십니다.

그러자 야곱은 잠에서 깨어, "여기가 바로 하나님의 집이요, 하늘의 문이로다"라고 고백합니다. 하나님이 특정 장소에만 계신 분인 줄 알았는데, 이제 보니 하나님은 어디에나 계시다는 걸 자각하게 된 것입니다. 그 말인즉, 사람이라면 누구나 발을 딛는 곳 어디서나 하나님을 바라보아야 한다는 뜻이기도 합니다. 왜냐하면 하나님은 '어디에나 계시는 분'이니까요.

야곱이 꿈에서 깨어 고백했던 '하나님은 어디에
나 계신다(omnipresent)'는 말은 그런 면에서 놀라운
고백입니다. 현실에 대한 지독한 집념만으로 가득
찼던 야곱의 눈이 뜨여서 영원한 하늘나라를 비로
소 바라보았던 고백이라 할 수 있으니까요.

물론 야곱은 당장 그렇게 살지는 못했습니다. 마
치 우리가 하나님을 알게 된 뒤에도 여전히 땅 위
에서 호의호식하는 삶을 추구하며 살아가듯이, 야
곱도 그 뒤 외삼촌 라반의 집에서 살아가던 오랜
날 동안, 땅만을 바라보는 현실 지향적인 태도를
버리지 못했습니다.

그러다 더 이상 외삼촌과 함께 살 수 없어져 아
내 둘에 자식들까지 데리고 고향으로 쫓겨 가듯 가
야만 하는 절체절명의 처지에 이르렀을 때, 그는
그 옛날 꿈에서 보았던 사닥다리를 기억해 낸 듯
비로소 하늘에 줄을 대기 시작합니다. 고향으로 돌
아가야만 하지만, 자신을 증오하고 있을 형 에서가
두려워 차마 고향 땅에 발을 들여놓지 못하던 얍복

강가에서 하나님의 천사를 붙잡고 씨름하는 모습
이 그것입니다.

그때 야곱이 얼마나 하나님만을 바라보고 그분
을 구했는지 밤새도록 하나님을 붙잡고 매달렸다
고 성경은 기록하고 있습니다. "내 주여, 이제는 하
늘로부터 오는 복을 구합니다. 내 힘으로 해결해서
얻는 땅의 복이 아니라 하나님 당신이 친히 내리시
는 하늘의 복을 구합니다. 그런 복을 주지 않으시
면 저는 이 자리에서 죽겠습니다"라는 기도를 드리
면서 말입니다.

집념의 사나이답게 야곱은 감히 하나님을 상대
로 한 싸움에서도 죽기 살기로 싸웠습니다. 그러나
그 죽기 살기의 싸움의 양상이 이전과는 달라 보입
니다. 현실의 것을 얻기 위해 수단 방법을 가리지
않고 모든 힘을 동원하려 했던 이전과 달리, 이제
는 인생의 주관자이신 하나님 자체를 구하는 싸움
을 했던 것입니다.

그러자 하나님은 그런 야곱을 기뻐하시며 야곱

에게 져 주시고, 야곱을 축복하십니다. 그의 이름
마저 '야곱'에서 '이스라엘'로 바꿔 주시면서 말입
니다.

　하나님이 야곱에게 져 주셨다는 표현도 놀랍지
만, 이 얍복 강가 사건이 더 놀라운 건 야곱의 이름
이 '이스라엘'로 바뀌었다는 점입니다. 이것은 곧
야곱의 사람됨이 바뀌었다는 의미로도 해석될 수
있기 때문입니다.
　실제로 현실의 것들만 바라보며 자기 힘으로 살
아가던 야곱은 이때로부터 하나님을 바라보며 하
늘의 가치를 구하는 인생으로 바뀌었음을 성경은
보여 줍니다. 현실의 복을 추구한다기보다 하나님
의 뜻을 구하며, 하늘의 능력을 경험하며 사는 노
인으로 늙어갔다고 해야 할까요.
　그러자 야곱의 삶에는 야곱이 그렇게 애쓰지 않
아도 하나님이 도우셔서 이루어지는 일들이 나타
납니다. 얍복 강가에서 씨름한 그다음 날에 형 에

서와 극적으로 이루어진 용서와 화해부터가 그렇습니다. 에서의 마음이 풀린 것은 야곱이 어떤 노력을 기울였기 때문이 아니라 하나님이 에서의 마음을 다스려 주셨기 때문이었다는 겁니다. 야곱이 하늘에 줄을 대었을 때, 그는 이처럼 하늘에서 주시는 화평의 복, 용서와 화해의 진정한 복을 누릴 수 있었던 것입니다.

나이듦에 관한 글을 쓰면서 야곱의 이야기를 자세히 소개하는 것은, 야곱이야말로 우리의 혈기 왕성한 젊은 시절을 보여 주는 동시에 나이듦의 좋은 모델이기도 하기 때문입니다. 그가 얍복 강가에서 하늘에 줄을 대기 시작한 이후의 삶은 사람답게 나이드는 노인의 좋은 본보기가 됩니다. 그는 그때부터 본능적인 욕심으로만 살지 않고, 하나님의 다스리심을 받으며 사람답게 사는 노인이 되어 갔으니까요.

사람은 누구나 주어진 본능을 따라 현실의 것들

만 바라보며 살면 위험해집니다. 왜냐하면 사람은 본래 부족함투성이의 죄인이기 때문입니다. 생각하고 추구하는 것들이 본능적으로 악한 존재가 바로 우리들인데, 자신의 힘과 뜻대로만 사는 삶의 끝이 어떠할지는 불을 보듯 뻔한 일이 아니겠습니까.

그런데 놀라운 건 그런 우리가 하나님을 믿게 되면, 우리의 그와 같은 못남에 대해 비관하거나 절망하는 게 아니라 그 사실을 즐기며 살게 된다는 것입니다. 내가 못난 걸 비관하지 않고 오히려 내 못난 맛에 살 수 있게 된다 그 말이지요. 그래서 로버트 멍어(Robert Boyd Munger)는 교회 집단에 대해서 이렇게 정의합니다.

"이 세상에서 자기 자신들이 못난 존재라는 것을 인정하는 회원들로 이루어진 유일한 교제의 집단이 교회다."

물론 신앙생활을 하면서도 여전히 자기 잘난 맛에 취해서 자기의 생각대로, 자기의 본능대로, 자기의 마음이 이끌리는 대로만 사는 사람이 더러 있습니다. 그러나 그런 사람도 언젠가 크신 하나님 앞에 비친 자신의 못남을 보게 되면, 발은 땅에 딛고 살되 완전하신 하나님을 끝없이 바라보며 하늘 사닥다리를 오르락내리락하게 됩니다. 인생의 희망이 제한된 인간의 능력에 있는 게 아니라, 모든 걸 의와 사랑의 길로 인도하시는 하나님의 전능하신 손안에 있음을 알게 되면, 얍복 강가에서의 야곱처럼 자기 자신이 아니라 하나님을 붙들고 사는 일에 온 힘을 쓰게 된다는 것입니다.

독일의 시인 실러(J. C. Schiller, 1759~1805)는 "나무는 자라도 하늘에까지 닿을 수는 없다"는 말을 남겼습니다. 이 말대로 세상의 어떤 동물이나 식물도 자라고 자란들 하늘까지는 닿을 수가 없습니다. 그러나 인간의 영혼이 하나님을 바라보면, 그 영혼은 하늘까지도 닿습니다. 인간이란 본래 하나님의 형상대로 창조된 유일한 존재로, 하늘 꼭대기에 다다른 소망의 사다리 위로 기어오를 수 있도록 만들어진 존재가 아닙니까.

그러므로 우리가 자라고 자라 진정으로 성숙한 노인이 되려면, 내 힘만을 의지하여 악착같이 살아왔던 생활을 내려놓고, 겸허히 하나님께 나아가 그분만을 붙드는 순간을 지나야만 합니다. 야곱을 주제로 한 찬송가 가사 그대로, "천성에 가는 길 험하여도 생명 길 되나니 은혜로다 천사 날 부르니 늘 찬송하면서 주께 더 나가기 원합니다"(찬송가 338장)라는 찬송을 날마다 부를 수 있어야 합니다.

우리가 그렇게 하나님을 붙들며 살면, 얍복 강가에서의 그날처럼 하나님은 우리에게 져 주실 뿐 아니라, 우리가 하늘의 능력을 맛보아 살도록 인도하실 테니 말입니다. 우리는 하늘 사다리에 올라 영원까지 닿을 수 있는 사람들입니다.

용기...
"No"라고 말하고 죽을 수 있거든

사람들은 대부분 협조적인 사람을 좋아합니다. 누가 뭐라 하면 그 말에 즉각 응해 주며 분위기를 맞추는 사람을 환영하지요. 충분히 그럴 만합니다. 사람이 비협조적이면 그 사람 때문에 무슨 일이든 일을 이뤄 내기가 어려운 법이니까요. 그래서 나도 나이가 들어 가면서 되도록 협조적인 사람이 되려 의식적으로 애쓰는 편입니다. 나이들었다고 꼬장꼬장한 태도로 주변에 소음만을 끼치는 늙은이는 되고 싶지 않은 겁니다.

그러면서도 한편, 협조적이어야 할 때와 그렇지 않아야 할 때에 대해 정신 차리고 분별해야 한다는 생각도 의식적으로 붙잡습니다. 우리 사회가 GNP는 높아졌지만, 가정이든 나라든 날이 갈수록 점점 부패해지는 이유를 생각해 볼 땐 더 그렇습니다. 따지고 보면 이 사회의 부패 원인이 우리가 너무 현실 순응적인 것, 즉 장래 일은 생각하지 않고 다만 눈앞에 주어진 상황에 쉽게 동조해 버리거나 자기 욕망의 소리에 "Yes"라고 답해 버리기 때문이 아니겠습니까.

나이가 들면 들수록 무엇을 하는 것도 중요하지만, 무엇을 하지 않는 것, 즉 필요한 순간에 "No"라고 말할 수 있는 용기가 필요한 시대인 건 분명합니다. 만약 이런 분별과 용기가 사라져 버리면 많은 걸 성취해 냈어도 그 인생의 종착 지점에선 악취가 날 수밖에 없습니다. 사람은 나이들어도 욕망은 꿈틀대는 법이고, 그 욕망을 건드리며 손짓하는 소리에 단호하게 돌아서지 않는 한, 누구나 위험한 곳에 빠져 영영 헤어나지 못할 수 있다 그 말입니다.

성경에 나오는 인물들 중 야곱의 아들들은 이에 대해 좋은 교훈을 줍니다.

야곱은 열두 아들을 낳았습니다. 그런데 야곱은 그중에서도 열한 번째 아들인 요셉을 특히 사랑했습니다. 나이들어 낳은 데다 자신이 사랑하는 라헬에게서 본 아들이었기 때문일 겁니다. 얼마나 그 아들을 사랑했는지 요셉에게만은 채색 옷을 특별히 지어 입힐 정도였습니다. 거기다 요셉은 모든 형제들이 자신을 섬기게 될 거라는 내용의 꿈을 두 번이나 꾸고 나서 형제들에게 그대로 말하는 바람에 그들의 미움을 많이 사게 됩니다.

그로 인해 일은 벌어지고 말지요. 양들을 치던 형들에게 찾아온 요셉을 형제들이 한마음이 되어 들판에서 죽이기로 작당한 것입니다. 아무리 배다른 형제라지만 요셉을 향한 미움이 얼마나 극에 달했는지 이제 요셉을 죽이는 것은 시간문제인 듯 보입니다.

그런데 이때, 맏형인 르우벤이 살의에 가득 찬 동생들에게 "No"라고 말합니다. 그는 어떻게든 동생들을 진정시켜 요셉을 아버지께로 데려가려는 요량으로, "요셉의 목숨을 직접 해치지 말고 차라리 구덩이에 빠뜨리자"며 동생들을 설득했던 것입니다. 결국 르우벤의 전략대로 요셉은 죽음을 면한 채 구덩이에 빠뜨려졌지만, 잠시 르우벤이 자리를 비운 사이에 동생들이 지나가는 상인들에게 요셉을 애굽의 노예로 팔고 말았습니다.

그런데 그 후, 애굽의 종으로 팔려 간 요셉은 그곳에서 하나님의 특별한 은혜를 입습니다. 바로의 신하인 경호 대장 보디발의 집에서 노예로 사는 동안, 하나님의 도우심으로 요셉의 범사가 형통하게 풀려 나간 것이 그것입니다. 요셉이 하나님의 은혜를 입고 있다는 게 얼마나 확연히 드러났는지, 성경은 그의 주인 보디발이 이 사실을 보고 요셉을 가정 총무로 삼아 자기의 소유를 다 요셉의 손에 위탁할 정도라고 표현하고 있습니다.

그러나 호사다마(好事多魔)라고 할까요. 요셉에게 시련이 닥쳤습니다. 보디발의 아내가 그만 용모가 빼어나고 아름다운 요셉에게 이끌려 자꾸만 동침하자고 요구해 온 것입니다.

요셉이 죽을 뻔했을 때보다, 또 노예로 팔려 와 고생을 했을 때보다 어쩌면 그 유혹이 요셉에게 닥친 더 큰 위기였을 겁니다. 힘든 일이 닥치면 그것과 싸워 이겨 내려는 본성이 우리에게 작동하지만, 달콤한 유혹이 찾아오면 그것을 덥석 물고 싶은 욕망이 우리에겐 본능적으로 끓어오르기 때문입니다. 더구나 한창 피 끓는 나이였으므로 아무도 없는 집에서 한 여자의 끝없는 유혹의 손길을 거절하기란 여간 어렵지 않았을 겁니다.

그러나 놀랍게도 요셉은 이런 말로 그 유혹을 거절합니다.

"이 집에는 나보다 큰 이가 없으며 주인이 아무것도 내게 금하지 아니하였어도 금한 것은 당신뿐이니 당신은 그의 아내임이라 그런즉 내가 어찌 이 큰 악을 행하여 하나님께 죄를 지으리이까"(창 39:9).

하나님이 보고 계시다는 겁니다. 아무도 보는 이가 없어도 보고 계시는 하나님의 눈 때문에 요셉은 보디발의 아내에게 "No"라고 말하고 있습니다. 하나님을 믿는 요셉의 신앙이 제대로 빛을 발하는 순간이었습니다.

나는 이 부분에서 어느 신학교 교수가, "신학교에서 히브리어를 배우는 것보다 더 중요한 것은 'No'라고 말하는 법을 배우는 것이다"라고 말한 내용이 떠오릅니다. 진정한 신앙이란 거절하기 힘든 달콤한 유혹 앞에서 하나님을 의식하여 당당하게 거절하는 모습으로 드러나야 한다는 걸 요셉은 실제로 보여 주고 있으니까요.

물론 그렇게 하면 당장은 어려움을 겪을 수도 있습니다. 요셉도 보디발의 아내의 거듭된 요청에 "No"라고 말함으로써 '강간범'이라는 누명까지 쓰고 감옥에 갇히고 말았습니다.

그러나 진실한 자를 들어 쓰시는 하나님의 인도하심과 은혜 아래에서 요셉은 감옥에서 나오게 되고, 급기야는 애굽의 총리 대신이라는 자리에까지 올라 애굽의 모든 정치를 책임지게 됩니다. 결국 요셉은 그의 어린 시절에 꿨던 꿈처럼, 형제들 중 으뜸이 되어 자기 가문과 이스라엘 민족을 살릴 뿐 아니라, 애굽의 7년 기근도 해결하는 총리로서 역사에 길이 남을 수 있었습니다.

이 모든 일이 어떻게 가능했겠습니까? 수많은 시련에도 굴하지 않는 믿음으로 꿋꿋이 정진했던 까닭도 있지만, 무엇보다 한 여자의 유혹 앞에 "No"라고 말하며 거절했던 그 용기가 훗날 요셉의 생애를 형통으로 이끌었다고 보이지는 않는지요.

아주 오래전, 나는 사단장이었던 한 지인으로부터 다음과 같은 이야기를 들으며 요셉을 떠올린 적이 있었습니다.

6·25전쟁이 끝난 얼마 뒤쯤이었는데, 그 사단장은 당시 미 육군사관학교인 웨스트포인트를 나온 한 미군 중위가 군사고문단 자격으로 한국에 나오게 된 것을 축하할 겸 환영 파티를 열었다고 합니다. 고향 떠난 남자의 외로움을 누구보다 잘 안다고 생각했던지라 그는 미군 중위를 파티에 초대하면서, 여자도 한 사람 짝지어 줄 테니 재미있게 지내라고 말했나 봅니다. 그러자 중위는 진지한 태도로 이렇게 말했다고 합니다.

"나는 결혼한 사람입니다. 그뿐만 아니라 내 아내는 매일 밤 내가 무사하기를 기도하고 있습니다. 그런데 당신은 어째서 나를 그런 파티에 초청하십니까?"

파티 참석을 거절하는 중위의 말에 별을 단 장군은 부끄러워 어쩔 줄 몰랐다고 합니다. 사단장이라

는 높은 계급의 사람이 아랫사람으로부터 "No"라
는 말을 들은 것도 그렇거니와, 무엇보다 그 중위
의 한 치 흔들림 없는 거절 이유가 그를 더욱 부끄
럽게 했던 것이지요.

어떻습니까? 미군 중위의 태도와 말에 저절로
박수가 나오지 않습니까? 그러나 세상은 이런 사
람들을 향해서도 "열 번 찍어 안 넘어가는 나무 없
다"는 속담을 들이대며, 유혹의 손짓을 멈추지 않
습니다. 나는 그래서 이 속담이 별로 안 좋습니다.
이 속담을 믿고 어떻게든 사람을 넘어뜨리려고 달
려드는 이들이 눈에 보이기 때문입니다.
　부디 요셉 같은 사람, 미군 중위 같은 사람들이
많이 나와서, "열 번 찍어 안 넘어가는 나무도 있
다"는 속담이 이 땅에 하루속히 나오기를 고대해
봅니다. 그런 속담이 공감되는 세상이라야 이 민족
도 제대로 서게 될 테니 말입니다.
　사람의 인생을 끝까지 향기롭게 하는 힘, 또 한

나라가 점점 흔들리지 않는 강대한 국가로 서게 하는 힘은 뜻밖에도 이 "No"라는 한마디 말 속에 있음을 잊지 말았으면 좋겠습니다. 그리고 누군가 이렇게 "No"라고 말하기 시작할 때, 그 용기 있는 행동이 전염되어 결국엔 큰일을 해 내는 바탕이 될 수 있음을 요셉의 이야기를 통해 깨달았으면 좋겠습니다. 형제들이 요셉을 죽이려고 살기등등할 때 르우벤이 "No"라고 하지 않았다면 요셉이 과연 살아났을지, 또한 르우벤의 그 "No"라고 하는 모습을 요셉이 목격하지 않았더라면 보디발의 아내가 유혹할 때 그가 그토록 단호하게 "No"라고 말할 수 있었을지 깊이 생각해 보자, 이 말입니다.

우리는 흔히 나이가 들면 거절하는 힘도 저절로 생겨난다고 착각하곤 합니다. 그러나 세월의 흐름을 따라 입맛이 점점 단것과 짠 것을 좋아하게 되듯, 노인들도 자신의 입맛에 맞는 강렬한 유혹이 찾아오면 한순간에 그것을 붙잡음으로 생애

전체가 부패되어 버리는 결과를 맞이할 수도 있습
니다.

그래서 우리는 나이들수록 하나님을 찾아야 합
니다. 하나님의 눈을 의식하지 않으면, 유혹에 대
해 무장해제가 되고 자꾸만 무너져 내리려는 우리
의 본성을 통제하고 거스를 길이 없어지기 때문입
니다.

부디 하나님을 가까이하는 우리들이 되어서 어
디서나 필요한 때에 "No"라고 말함으로 사회를 새
롭게 하는 힘이 이 한마디 속에 있음을 나 자신부
터 보여 줄 수 있기를 소원해 봅니다.

책임 …

고독으로부터 승리하세

19세기 미국 소설가 허만 멜빌(Herman Melville, 1819-1891)의 《모비딕》은 고래잡이에 관한 유명한 소설입니다. 그러나 발표 당시에는 단순한 포경선 이야기로만 평가되어 별 주목을 받지 못했습니다. 세월이 흐른 뒤에야 드라마와 영화로도 제작될 만큼, 인간 실존을 깊이 다룬 소설로 인정받기에 이르렀지요.

그러고 보니 이 소설에 나오는 노선장 에이하브가 고래를 쫓으며 했던 '책임의 고독'이라는 말은 마치 소설가 허만 멜빌 자신의 고백처럼 느껴집니다. 그의 한 생애는 가족을 부양하기 위한 책임감에 주위에서 알아주지도 않는 글을 밤낮으로 써 내려갔던 고독함으로 점철되었으니 말입니다.

성경에도 이처럼 '책임의 고독'이란 표현이 매우 어울리는 인물이 있습니다. 이스라엘 민족의 지도자였던 모세입니다. 나는 모세의 파란만장한 일생을 보면서 이 사람이 제정신으로 이런 길을 갈 수 있었을까, 하는 생각마저 듭니다. 인간적으로 굴곡 많은 그의 생애 자체만을 놓고 보면 '하나님의 올무에 걸려든 지도자'라는 별명에 걸맞게 애처롭기가 그지없습니다.

한낱 인간에 불과한 모세가 팔십의 고령에, "노예살이 하는 이스라엘 민족을 애굽에서 해방시키라"라는 하나님의 명령을 받은 것부터가 그렇습니다. 그때 그는 얼마나 두렵고 막막했겠습니까. 또한 100만 명이 넘는 이스라엘 사람들을 이끌고 애

굽에서 나와 40년 동안 광야를 헤맬 때, 그가 오롯
이 느꼈을 책임의 고독은 얼마나 컸겠습니까. 어
떻게 보면 '하나님이 애굽의 노예로 살아가는 이스
라엘 백성들의 울부짖음을 들으셨으면 알아서 해
결해 주셔야지, 왜 늙고 내성적인 모세에게 그 책
임을 지워 주셨을까?' 싶은 생각마저 듭니다. 어떤
결정이든 모세 홀로 내려야 하는 그 막중한 자리에
대해 연민이 가지 않을 수가 없습니다.

　더욱이 모세가 이끄는 이스라엘 백성들의 변함
없는 태도는 모세를 늘 궁지로 몰고 갔습니다. 툭
하면 지도자를 원망하고 불평하는 모습은 처음부
터 끝까지 이어지다시피 했습니다. 그 큰 홍해의
기적을 경험하며 애굽에서 나와 광야 길로 들어섰
으면서도 백성들은 어려움이 닥칠 때마다 하나님
께 기도하기는커녕 인간 지도자 모세를 향해 원망
부터 쏟아 놓았습니다.

　"물이 모자란다. 물맛이 쓰다. 무엇을 마시란 말
이냐?"

모세를 향해 외치는 백성들의 이 아우성은 쓴 물을 단물로 만들어 주지 않으면 너를 지도자로 인정할 수 없다는 뜻이었습니다. 그러니 지도자 모세의 상심이 얼마나 컸을지 짐작이 가고도 남습니다.

이러한 고독이 절정에 달했을 때는 모세가 40일 동안 시내 산에서 먹지도 마시지도 않은 채 하나님과 독대하며 하나님의 계명이 담긴 돌판 두 개를 받고 그 백성들에게 돌아왔을 때의 일일 겁니다. 모세가 없는 동안 산 아래 백성들은 하나님이 어떤 분이신지를 잊은 채 금붙이를 녹여 금송아지 우상 아래 절하고 있었으니, 이를 본 모세의 심정이 얼마나 기가 막혔겠습니까.

아마도 웬만한 지도자였다면 "하나님, 나도 모르겠습니다. 나도 더 이상 이 백성들을 어떻게 할 수가 없습니다"라고 하며 드러누워 버렸을지도 모릅니다. 만약에 그랬다면 이스라엘 민족은 주변 국가에 삼켜졌을 것이고, 자신들이 이집트 사람인지 아랍 사람인지도 모르는 채 지내 왔을 겁니다. 또한 이스라엘 민족이라는 뿌리에서 나온 예수 그리스도의 족보도 지금과 같을 수는 없었을 겁니다.

그런데 모세는 그런 기가 막힌 상황에서도 약속의 증거 판을 다시 받기 위해 시내 산으로 외롭게 올라갑니다. 그리고 하나님께 엎드려 기도하지요.

"이 백성이 금으로 신상을 만들어 큰 잘못을 저질렀습니다. 하지만 그들의 죄를 용서해 주셔야 하겠습니다. 만일 용서해 주지 않으시려거든 당신께서 손수 쓰신 기록에서 제 이름을 지워 주십시오."

백성이 죄를 지었다는 이유로 그들을 버리시겠거든, 차라리 자기를 버려 달라는 기도입니다. 이 얼마나 고독한 책임을 지고 고독하게 가는 자의 절실한 기도인지요.

이런 기도는 책임의 고독을 느낀 적 없는 사람들은 결코 알 수 없는, 오직 하나님만이 그 마음의 진실을 알아들으실 수 있는 참으로 깊이 있는 기도입니다. 하나님으로부터 "너 이 무지한 백성들 때문에 괴롭지? 내가 네 마음을 안다. 그러니 내가 너를 돕겠다"라는 위로를 들을 수밖에 없는 차원 높은 기도인 것입니다.

나는 모세가 그런 기도를 드렸기에 하나님이 그 민족을 살려 주셨다고 믿습니다. 그 말은 곧, 인간으로서 감당할 수 없는 고독한 책임을 하나님 앞에서 끝까지 감당했던 모세가 있어서 이스라엘이 살아날 수 있었다는 뜻이기도 합니다.

아마도 이런 과정들 속에서 모세의 늙어가는 얼굴에는 고독과 슬픔이 어리었을 것입니다. 늘 하나님을 대면함으로 그 얼굴에 찬란한 광채가 났던 모세였지만 그는 40년 광야 생활을 하는 동안 지도자로서 책임져야 하는 일들 때문에 늘 고독했고, 늘 울어야 했던 사람이었으니까요.

내가 좋아하는 에이브러햄 링컨(Abraham Lincoln, 1809-1865)이라는 미국의 역대 대통령도 아마 그런 얼굴이었으리라 생각합니다. 링컨이 일리노이 알

톤에서 더글라스라는 사람과 그 유명한 논쟁을 벌였을 때, 그 자리에 있던 프랜시스 그리어슨이 링컨의 서 있는 모습에 대해 "외로운 산꼭대기에 홀로 선 소나무(Some solitary pine on a lonely summit)" 같다고 했던 말을 떠올려 보십시오. 마치 성삼문(1418-1456, 조선 세종 때의 문신)의 시조에 나오는 "백설이 만건곤할 제 독야청청하리라"는 표현처럼, 링컨의 얼굴에도 장엄함과 고독함이 깃들어 있었다는 뜻으로 풀이되지는 않는지요.

그의 일생을 좀 더 세심하게 들여다보면 이를 확인할 수 있습니다. 미국에서는 링컨을 역사상 가장 성공한 대통령으로 꼽기도 하지만, 그는 사실상 모세처럼 하나님 앞에서 기도할 때 받는 하나님의 위로 외에는 달리 위로받을 데 없는 인생을 살았다 해도 과언이 아닙니다.

어려서 어머니를 잃어 새어머니 밑에서 자랐고, 정치에 뜻을 품어 선거에도 나갔지만 수없이 패배했던 인생입니다. 때를 만나 대통령이 되었으나 그의 주위에는 대통령보다 몇 배나 훌륭하고 유능하다고 자부하는 인간들이 들끓어서 한시도 마음 편할 날이 없었습니다.

남북전쟁을 승리로 이끌기까지 그가 홀로 감당했던 책임의 고독은 또 어떻습니까. 이 전쟁을 위해 목숨 걸고 싸워 주는 사령관이 없어 몇 번이고 사령관을 갈아 댔지만 번번이 기대에 어긋났던 것이나, 그란트 장군을 만나서야 겨우 믿을 만한 사령관을 찾았다 싶어 안심했으나 그가 술이 과하다느니, 그의 사생활이 난폭하다느니 하는 비난이 들끓는 바람에 링컨은 수없이 공격을 당해야 했습니다.

한편에서는 노예제도를 옳다고 주장하는 사람들, 또 한편에서는 노예제도를 당장에 쳐부수어야 한다고 내세우는 양극의 틈바구니에서 링컨은 하루도 마음 편할 날이 없었습니다.

그렇게 고독하고 절박했기에 링컨은 역대 어느 대통령보다 백악관을 기도실로 만들 수밖에 없었는지도 모릅니다. 하나님의 지시와 뜻과 위로가 아니면 도저히 살 수 없을 만큼의 무게가 링컨에게 있었기 때문에, 그의 얼굴은 '측량할 수 없는 얼굴(unfathomable face)'이 되어 갔던 것입니다. 이 말은 곧, 그의 얼굴 안에 측량할 수 없는 고독과 슬픔, 또 주님으로부터 오는 겸손과 평안이 함께 깃들어 있었다는 것으로 나는 해석합니다. 감당해야만 했던 책임이 링컨을 고독하게 만들었고, 그 크나큰 고독이 그를 하나님 앞으로 이끎으로써, 그의 얼굴에는 또한 한없는 고독과 평안이 동시에 깃들었다는 얘기입니다.

모세와 링컨의 이력만을 놓고 볼 때 우리는 그들의 화려한 생활을 상상하며 부러워할 수 있지만, 사실 그들은 누구보다 고독한 인생을 고독하게 살다 간 사람들입니다. 그러나 두 사람은 위대한 지도자들로서 세계 많은 사람들로부터 존경을 받는 사람들인 것도 틀림없습니다. 그것은 결과적으로 이 두 사람이 누구보다 인생을 잘 살았다는 뜻이고, 우리는 이 두 사람의 얼굴에 깃든 고독함을 동경해야 한다는 뜻이기도 합니다.

그렇다면 우리는, 노인의 얼굴에 배인 고독과 슬픔의 형상에 대해서도 '아름답다'고 인정할 수 있는 안목이 있어야 합니다. 고통의 자국 하나 없이, 눈물로 기도해 온 세월의 흔적 하나 없이 그저 팽팽하기만 한 동안의 늙은이를 이제 더 이상 부러워할 일이 아니라는 뜻입니다. 모세와 링컨을 생각해 보면, 슬픔도 없고 고통의 자국도 없는 늙은이의 얼굴이야말로 한평생 책임의 고독을 견디지 않은 채 살아왔다는 증거가 될 수 있는 까닭입니다.

고독한 책임을 지고 한평생 고독하게 걸어왔던 사람의 내면에는 하나님께만 위로받고 하나님으로부터 힘을 받은 세월의 은총이 쌓여 있습니다. 그 때문에 그런 사람에게서는 심연으로부터 흘러나오는, 범인(凡人)들은 갖지 못한 은근한 멋이 전해져 옵니다. 그거야말로 진정한 멋이 아닐는지요. 겉으로 드러나는 외모는 비록 나이들어 후패해 가지만 고독을 견뎌 온 세월 속에 쌓인 타인에 대한 사랑과 삶에 대한 평안과 하나님 앞에서의 겸손이 날이 갈수록 더 드러나는, 그런 모습의 노인이야말로 우리가 진정 부러워해야 할 사람들이라는 얘깁니다.

그러니 우린 더 이상, 늙어가면서 찾아오는 깊은 고독을 두려워할 이유도, 피할 이유도 없습니다. 그런 고독이 찾아올 때면 길모퉁이 어디든 앉아 하나님을 구하고 찾으면 될 일입니다. 그러면 우리는 하늘의 위로를 받는 늙은이로서, 은혜의 광채를 머금은 주름을 자랑스레 간직하게 될 테니 말입니다.

관계...
약속을 지키는 사람에겐
희망이 있다

에드나 밀레이(Edna St. Vincent Millay, 1892~1950)라
는 미국 시인은 다음과 같은 시를 남겼습니다.

애들아, 들어라
아버지는 세상을 떠났다
착한 이들이 세상을 떠나도
이 세상은 이어져야지.

이 시의 내용처럼, 사람은 아무리 착하더라도 언

젠가 홀연히 세상을 떠날 수밖에 없습니다. 또한 그가 떠나고 난 뒤에 남은 자들은 황망함 속에서도 '삶'이라는 작업을 이어 가야만 합니다. 역사란 세대를 거듭하면서 끊어져 버리는 게 아니라 남기고 간 정신적 유산을 이어받아 옳은 방향으로 흘러가야 하는 것이니까요. 그래서 한 개인은 물론, 한 민족에게는 세대를 초월하여 흐르는 일관된 목표가 있어야만 하는가 봅니다.

'독립선언서'라는 건국이념을 바탕으로 세워진 미국의 역사는 이를 잘 보여 줍니다. 그 나라 역사가 얼마 되지 않았음에도 나날이 성장을 거듭해 온 이유에 대해 미국이 세대를 초월하여 건국이념을 일관되게 지켜 왔기 때문이라는 데 이의를 제기하는 이는 없습니다. 그만큼 독립선언서는 미국을 이루는 근본 바탕이요 견고한 정신적 기초임이 분명합니다.

그런데 언제부턴가 미국에 대한 세계인의 비판은 늘고, 반대로 그 신뢰가 점점 줄어드는 판국으로 변해 버렸습니다. 이 이유에 대해서도 세계인들은 한결같이 입을 모아 말합니다. 미국이 과연 지금도 독립선언서의 이념을 계승해 가고 있는가, 과연 그 정신적 기초가 세대를 따라 이어지고 있는가….

세대를 이어 옳은 정신과 목표를 향해 가는 일은 가문과 민족을 살리는 중요한 바탕입니다. 그렇기 때문에 성경에 나오는 모세도 다음 세대 지도자인 여호수아에게 그 정신적 배턴을 이어 주려고 죽기 전에 무척이나 마음을 썼습니다.

모세 당시 이스라엘 민족의 국가적인 목표는 두 가지였습니다. 첫째로는 젖과 꿀이 흐르는 가나안 땅에 들어가는 것이고, 둘째로는 거기서 여호와 하나님을 온전히 섬기며 사는 것이었습니다. 그러다 보니 모세는 죽음을 앞둔 상황에서, 여호수아와 이스라엘 백성들에게 이 두 가지를 꼭 계승해야 한다고 반복, 또 반복합니다.

"약속의 하나님이 가나안을 너희들에게 주겠다

고 말씀하셨다. 그러니 너희는 하나님의 그 약속을 믿고 반드시 가나안으로 들어가 그 땅을 취하라. 그곳에서 약속의 하나님을 믿으며 그분이 말씀하신 대로 올바로 살아야 한다."

이와 같은 유언을 남긴 모세는 가나안 땅 바로 앞에서 하나님의 부르심을 입고 죽음을 맞이합니다. 광야 40년 생활의 마지막은 이렇듯 '떠남과 계승'이라는 주제로 마무리가 되지요.

그런데 모세가 죽고 이스라엘 민족의 통수권이 여호수아에게로 넘겨진 이후, 여호수아는 놀랍게도 모세와의 약속을 잘 지켜 내는 모습을 보여 줍니다. 약속의 하나님을 믿는 민족의 지도자답게 여호수아는 사람과의 약속도 잘 지켜 낼 뿐 아니라, 약속하신 하나님을 신뢰하며 전진하는 모습을 보여 주었습니다.

그 단적인 증거가 여호수아 2장에서부터 소개되는 라합과의 에피소드입니다. 당시 여호수아 장군은 가나안 땅으로 들어가기 전, 정탐꾼들을 여리고에 먼저 보내 땅을 살펴보고 오라고 지시합니다. 이 밀명을 받은 정탐꾼들은 즉시 여리고에 몰래 숨어들어 라합이라는 기생의 집에 유숙하는데, 이 사실을 눈치챈 누군가의 밀고로 여리고 군사들이 라합의 집에 들이닥치고 맙니다. 하지만 기생이었음에도 보통 이상의 담력과 영성을 지녔던 라합의 재치로 정탐꾼들은 무사히 살아나 여호수아에게로 되돌아올 수 있었습니다.

그 과정에서 역사의 진행 방향을 통찰했던 라합은 정탐꾼들에게 한 가지 맹세를 하라고 말합니다. 내가 오늘 너희를 도와주었으니 하나님이 이 땅을 너희에게 주실 때, 나와 내 가문을 지켜 내 달라는 것이 그것입니다. 성경은 그 후 여호수아가 이를 어떻게 이행했는지에 대해 다음처럼 소개합니다.

"여호수아가 기생 라합과 그의 아버지의 가족과 그에게 속한 모든 것을 살렸으므로 그가 오늘까지 이스라엘 중에 거주하였으니 이는 여호수아가 여리고를 정탐하려고 보낸 사자들을 숨겼음이었더라"(수 6:25).

보통, 성벽이 무너지고 사람들의 아우성과 피비린내가 진동하는 정복 전쟁에서는 적진의 어느 한 사람을 보호해야겠다는 생각이 들지 않는 법입니다. '승리'라는 대의만을 위해서 움직이는 게 일반적인 모습입니다.

그러나 여호수아는 그런 와중에서도 정탐꾼들이 라합에게 했던 약속을 지킬 수 있도록 세심하게 배려하며 전쟁을 완벽한 승리로 이끕니다. 한번 약속하신 것을 식언치 않으시고 반드시 이루시는 하나님의 신실하신 성품을 나타내 보이며 모세의 당부를 이행해 가고 있었던 것입니다.

이뿐만이 아닙니다. 여호수아는 전쟁에 앞서, 넘실대는 요단강을 건너갈 때도 오직 약속의 하나님만을 믿고 가나안으로 가는 모습을 결연히 보여 줍니다. 모두가 빠져 죽을지도 모르는 요단강 앞에서 여호수아가 내민 도하작전이 무엇이었습니까? 그것은 다름 아닌 '언약궤'를 멘 제사장들을 맨 앞에 내세워 그냥 발을 내딛도록 한 것입니다.

이는 천국으로 상징되는 가나안에 들어가려면 하나님과 이스라엘 민족이 맺은 계약의 표인 언약궤가 선행되어야 함을 알려 주는 모습입니다. 즉, 이 땅에서의 삶이 다한 뒤 천국 가나안에 들어가려면 "나를 믿는 자는 영원히 살리라"는 주님의 언약만을 앞세워야 한다는 걸 그들은 보여 주고 있었던 것입니다.

실제로 여호수아와 이스라엘 백성들이 언약궤를 앞세워 요단강에 발을 들여놓자, 언덕까지 넘실대던 요단강 물은 순식간에 둑을 이루며 건너야 할 바닥을 말려 버립니다. 덕분에 이스라엘 백성들은 홍해를 건널 때처럼 유유히 요단강을 건너 약속의 땅 가나안으로 들어갈 수 있었습니다. 아무도 죽지 않고 살아서 가나안 땅을 밟았습니다. 이때 여호수아는 열두 개의 돌을 요단강 바닥에서 취하여 여리고 동편 길가에 세우고 이렇게 말합니다.

"훗날 너희의 후손이 이 돌들이 무엇이냐고 묻거든, 이스라엘이 이 요단강에 발을 적시지 않고 건넌 일을 기념하는 것이라고 일러 주어라. 우리 하나님 여호와께서 우리 앞에서 요단강 물을 말리시어 우리를 건너게 해 주셨다. 이것은 모든 백성들이 여호와의 손이 얼마나 강한지를 알아서, 하나님을 영원토록 경외하게 하시기 위함이다."

이렇게 여호수아는 모세로부터 전해 받은 약속의 하나님에 대한 믿음을 토대로 요단강을 건너 가나안에 이르렀고, 그 후에는 그 자신도 모세처럼 약속의 하나님을 다음 세대에까지 전할 수 있도록 약속의 증표들을 세우고 있습니다. 이 얼마나 아름다운 신앙의 계승인지요.

영국의 시인 알프레드 테니슨(Alfred Tennyson, 1809–1892)은 "사주를 건너(Crossing the bar)"라는 시에서 "시간과 공간의 한계를 넘어 / 파도는 나를 멀리

신고 갈지나 / 나 주님 뵈오리 직접 뵈오리 / 하늘 나라 그 항구에 다다랐을 때"라고 노래했습니다.

여기서 사주, 즉 모래섬이란 죽음과도 같은 세계를 뜻합니다. 우리는 모두 모래섬(요단강)을 지나야 주님의 얼굴을 볼 수 있다는 노래인데, 여호수아의 이야기에서 볼 수 있듯, 이 죽음의 언덕을 건널 때 죽지 않고 살아 주님의 얼굴을 볼 수 있는 비결은 단 하나입니다. 언약궤를 앞세우는 것, 즉 우리와 약속하신 하나님을 믿고 그분의 뒤를 따르는 것입니다.

그리고 그런 믿음은 우리의 살아생전, 사람과의 약속을 신실하게 이행하는 모습을 통해 드러난다는 걸 여호수아는 보여 주고 있습니다. 약속을 신실하게 지키는 삶의 모습이야말로 하나님이 우리에게 주신 약속의 무게를 안다는 의미이자 후손들에게 그 하나님을 전승하겠다는 의지의 표현임을 그의 생애는 보여 주고 있다는 말입니다.

《남태평양 이야기》,《하와이》 등의 작품으로 유

명한 제임스 미치너(James A. Michener, 1907-1997, 미국 소설가)도 아마 이와 같은 약속의 무게를 아는 까닭에 다음과 같은 일화를 남기지 않았나 싶습니다.

그는 린든 존슨(Lyndon Johnson) 대통령이 120여 명의 학자들을 위해 마련한 백악관 만찬회 초대장을 받고는, 다음과 같은 편지를 적어 보내며 그 초대를 거절했다고 합니다.

"소생에게 글 쓰는 법을 가르쳐 주신 고등학교 때의 훌륭한 여선생님이 한 분 계신데, 그 어른을 위해서 베풀어질 만찬회에서 몇 마디 이야기를 하기로 약속한 지 사흘 후에 백악관 모임에 참석하라는 귀하의 초청장을 받았습니다. 대통령께서는 소생이 백악관 만찬회에 참석하지 않는다 해서 섭섭히 여기시지는 않으리라고 믿지마는, 그 고등학교 여선생님은 아마 크게 상심하실 것입니다."

이 일화가 보여 주듯, 약속을 지키며 살기 위해서는 치러야 할 대가가 있는 법입니다. 미련스럽다는 말을 듣거나, 혹은 불편한 시간을 보내게 될 수도 있습니다. 그러나 "저 노인네는 왜 저렇게 자기에게 불리한 짓을 하며 사서 고생하지?"라는 누군가의 물음에, "저분은 기독교인이라 약속을 지키려고 저러는 거래"라는 누군가의 말이 돌아올 정도가 되면, 그 사람은 누구보다 하나님을 보여 주는 삶을 산다고 말할 수 있을 겁니다.

아름다운 사회를 이루는 바탕이 '계약의 이행'에 있음을, 상황이 달라졌다고 해도 약속을 무시하지 않을 때 그곳에서 하나님 나라가 이루어질 수 있음을 그는 살아가는 일상을 통해 온몸으로 보여 주고 있는 것이니까요.

그 옛날 여호수아처럼 주님의 언약궤를 앞세워 요단강을 건널 날을 기다리는 우리들이기에, 이제는 그간 못 지켜 온 약속이 없는지 마음을 써서 돌아볼 때입니다. 만약 그간 못 지켜 온 약속이 많다면, 이제부터라도 나 자신과 맺은 약속, 또 이웃과 맺은 약속을 이행하는 데 충심을 다해야 합니다.

별거 아닌 듯 보이지만 우리가 그렇게 약속을 지켜
내며 하루하루 살아갈 때, 우리가 가고 난 뒤에 남
겨진 이들도 우리가 남긴 당부대로 약속의 하나님
을 바라보며 우리와 맺은 약속을 신실하게 지키며
살아갈 테니까요. 사람은 누구나 보고 느낀 바대로
행하는 법입니다.

성장...
기도 없는 성장은 없다

한평생을 살아온 노인들은 자신이 살아온 이야기를 하다가 불현듯 진리의 말을 하게 될 때가 있습니다. "인생은 정말 내 맘대로 되지가 않아"라는 말이 그중 하나입니다. 인생이 우리 마음대로 되지 않는다는 거, 이에 대해 노인들은 하나같이 진심 어린 공감을 표하곤 합니다.

그렇다면 우리는 여기서 한 가지 질문을 던질 수 있습니다. 인생이 우리 맘대로 되지 않는다면, 과연 누구의 뜻을 따라 펼쳐진다는 얘기일까요?

내 인생에 펼쳐졌던 그림들을 보아도 이 말에 깊이 공감하게 됩니다. 이 책의 서두에서 했던 말대로, 나는 태어날 때부터, 아니 어머니 배 속에 있던 때부터 내 인생이 내 뜻대로 된 게 아님을 발견합니다. 어머니는 나를 가지셨던 스물넷 꽃다운 나이에 한 선교사가 전하는 복음을 듣고 세례를 받으셨습니다. 그러니까 나는 뜻하지 않게 어머니 배 속에서부터 어머니의 기도 소리를 들으며 성장한 셈입니다.

그 후 우리 집안에 찾아온 여러 변화도 내 뜻이 아니었습니다. 아버지가 광산에 손을 대시면서부터 걷잡을 수 없이 기울었던 가세하며, 그 때문에 어머니 홀로 우리들 손목을 잡고 평양으로 나오셔서 온갖 고생을 해야 했던 일들도 내 뜻과는 다르게 펼쳐졌던 게 틀림없습니다.

그러나 그때 내가 놀랐던 것은 그토록 고생하시는 어머니의 얼굴에 기쁨의 빛이 항상 있었다는 겁니다. 한여름의 푹푹 찌는 날씨에 셋방에 들어앉

아 삯바느질을 하시다가도 한 줄기 바람이 불어오
면 "이 바람은 엄마를 위해 외할머니가 보내 주시
는 바람인가 보다"라고 하며 웃으시던 어머니의 모
습은 잊을 수가 없습니다. 어머니의 입에선 찬송이
끊이지 않았고, 어머니의 손에선 성경책이 떠나지
않았지요. 그때 나는 어머니의 삶을 버티게 하는
힘이 성경 말씀과 예수님을 향한 노래에 있음을 저
절로 깨달을 수 있었습니다.

　그런 어머니였던지라 어머니는 내가 전도자가
되기를 간절히 바라셨습니다. 사람의 한평생 예수
를 전하며 사는 것보다 더 보람되고 의미 있는 삶
이 없음을 어머니는 그때 이미 아셨던 거예요. 그
러나 어머니는 무슨 배짱이 있으셨는지 내게 전도
자의 길을 갈 것을 강요하시는 법이 없었습니다.
그저 기도만 하실 따름이었지요.

　나는 어머니의 뜻과 달리 신학과가 아닌 영문과
에 지원해 들어가게 되었습니다. 대학에 들어간 뒤

에는 고인이 되신 최현배 박사님이나 백낙준 박사님, 또 장기원 박사님 같은 분들이 어려운 형편에 처한 나를 참 많이 도와주셨습니다. 그 모든 게 장차 연세대학교를 위해 열심히 일하라는 뜻이었습니다. 그 뜻을 알아챘던 나는 그분들의 도움에 답하기 위해서라도 대학에 남아 학생들을 가르치는 일을 끝까지 감당하리라 다짐했고 그럴 수 있으리라 생각했습니다.

그런데 1970년대의 시국이란 게 나를 그냥 두지 않더군요. 나는 그저 서양사를 전공한 사람으로서, 민주주의가 걸어온 길을 학생들에게 가르친 것뿐이었는데, 나라에서 나를 감옥에 가둬 놓고 강단에 서지 못하게 하니 교수로서의 길을 갈 수 없었던 겁니다.

몇 년 뒤부터 나는 전국에 불려 다니며 강연을 하는 사람이 되어 갔습니다. 그때 내가 무슨 내용을 전했겠습니까? 메시아 예수, 복음이었습니다. 어린 날부터 어머니에게 들었던 예수님의 천국 복음을 그때부터 나는 전국의 강연장을 돌며 전하고 있었습니다. 내가 그렇게 하려고 계획했던 게 전혀 아니었는데, 결과적으로 나는 전도자가 되어 수많은 사람들 앞에 서 있더라 그 말입니다.

그 당시 얼마나 많은 젊은이들을 만나 예수 그리스도의 복음을 전했는지, 한 대학의 강의실에서 만났던 젊은이들에 비할 수 없을 정도로 많은 이들을 많은 장소에서 만나는, 그야말로 전도자로서의 삶을 살아가게 되었습니다.

그저 한 대학의 교수로서 평생 학생들을 가르치며 조용히 학교 행정이나 하려고 했던 나의 계획과 달리, 내 인생에는 왜 그처럼 전도자로서의 길이 펼쳐졌던 것일까요?

이 부분에서 나는 성경에 나오는 한나라는 여인의 기도를 떠올릴 수밖에 없습니다. 한나는 엘가나라는 사람의 두 아내 중 한 사람으로, 아이를 낳지 못하는 고통에 시달렸던 구약시대의 인물입니다. 지금은 일부러 아이를 낳지 않고 사는 사람도 많지만, 당시엔 결혼한 여자가 아이를 못 낳는 것을 엄청난 수치거리로 여겼더랬습니다. 게다가 지금처럼 불임 클리닉이 발달한 시절도 아닌 터라, 한나는 오직 하나님만을 의지하며 아들 하나를 달라고 하나님께 매달립니다.

기도라는 것, 그것은 의지할 데 없는 이가 하나님께만 전적으로 매달리는 일입니다. 인생이 내 힘과 뜻대로 되지 않음을 아는 이들의 정직한 태도가 기도임을 한나는 보여 줍니다.

그런데 한나의 그와 같은 간절한 기도를 살펴보면 기도란 네 가지 단계로 점점 깊이 들어간다는 사실을 발견할 수 있습니다.

기도의 첫 단계는 나를 위한 기도입니다. 사무엘상에 나오는 한나의 기도를 봐도, 먼저 그 자신을 위한 기도부터 하는 걸 볼 수 있습니다. 극히 자연스럽고 당연한 모습입니다. 자기 자신에 대한 고백과 간구 없이 어떻게 진실한 기도가 나오겠습니까.

하나님 앞에서 나 자신을 고하며 이런저런 기도를 할 때라야 우리의 생각과 마음은 차츰 균형을 잡으며 성숙해 갑니다. 그리고 나를 찾아오시는 하나님의 빛을 받게 되면서 우리는 어느덧 하나님의 마음 안에 들어가게 됩니다.

그렇게 되면 우리는 기도의 두 번째 단계로 들어갑니다. 이 단계에 들어가면 우리의 기도가 '나'를 떠나 '너'로 향하게 됩니다. 나라는 것은 너와의 관계에서만 존재할 수 있고, 나와 너가 만나면 우리가 되고 이웃이 되므로, 너를 위한 기도는 결국 내가 이웃 속에 들어가려는 노력이라 할 수 있습니다. 그런 점에서 우리는 기도 없이 성장할 수 없는 존재라 할 만합니다. 자기 자신만을 아는 인간의 본성이 너에게로, 이웃에게로 시선을 돌리려면 기도라는 코스를 거쳐야 한다는 말입니다.

이렇게 너를 위한 기도를 하게 되면 우리는 '하나님의 뜻이 무엇인가'를 찾는 세 번째 기도 단계로 들어갑니다. 이 기도의 모본은 예수님의 기도에서 찾을 수 있습니다. "나의 원대로 마시옵고 아버지의 원대로 하옵소서"(마 26:39)라는 기도가 그것입니다.

우리가 그렇게 내 뜻대로가 아니라 하나님의 뜻대로 되기를 기도하면, 우리는 비로소 우리 자신의 삶을 찾게 됩니다. 사람의 실패와 성공, 행복과 불행이 다 상대적인 현상일 뿐 그 내용이 그다지 중요하지 않다는 사실을 발견하게 되지요. 그러다 보니 자신이 구하는 일에 대한 세속적인 판단을 넘어서 이 일을 통해 이루어질 하나님의 뜻을 구하며 마음속에 온전한 평화를 누리게 됩니다.

한나가 아들 얻기를 간곡히 기도하면서 만약 하나님이 자신에게 아들을 주신다면 그 아들을 하나님께 드리겠다고 서원한 것도, 무자(無子)한 자에게 아들을 주시는 하나님의 뜻을 헤아려 알았기 때문인 것 같습니다. 또한 그 옛날 나의 어머니가 나를 위해 기도하실 때도, 부귀공명을 얻는 아들이 아니라 전도자 아들이 되게 해 달라고 하신 것도

같은 맥락이라 믿습니다. 어머니는 나를 위해 기도
하시면서 나를 향한 하나님의 뜻을 헤아리며 그분
의 뜻대로 구하고 계셨던 것입니다.

이런 기도를 드리는 사람은 결국, 기도의 마지막
네 번째 단계인 '하나님과 더불어 사는 기도'가 가
능해집니다. 기도 시간을 따로 정하지 않아도, 또
나나 너를 위한 구체적인 기도 내용을 아뢰지 않아
도 하루 24시간 하나님과 더불어 사는 상태에 들어
가게 된다는 겁니다. 예수께서 늘 말씀하셨던 "나와
아버지는 하나이니라"(요 10:30)라는 고백이 자신
의 고백이 되는, 아름다운 신앙인의 삶이 이 기도
의 단계로 들어간 사람에게 이루어집니다.

돌아보면, 나의 어머니도 그렇게 기도하는 분이
셨기에 그 모진 풍파와 가난 속에서도 당당하게 사
실 수 있었던 것 같습니다. 한나가 기도 응답을 받
아 아들을 낳은 후에 하나님께 드린 '승리의 노래'
를 읽다 보면, 내 어머니도 그때의 한나처럼 한 시

대를 하나님과 더불어 살며 역사를 통찰하셨음을, 그래서 날마다 찬송하고, 시간마다 말씀 앞에 엎드려 하나님과 더불어 사셨음을 알게 됩니다. 당시 한나가 드린 기도 내용을 공동번역본에서는 이렇게 번역하고 있더군요.

"잘난 체 지껄이는 자들아, 너무 우쭐대지 마라"(삼상 2:3).

아, 이 얼마나 멋진 노래입니까. 하나님이 어떤 분이신가를 한나는 아들 하나를 얻고 낳는 과정을 통해 깨닫고는, "하나님은 모든 일을 다 아시고 판단하시는 분이다. 그분은 교만한 자를 꺾으시고 겸손한 자를 일으키시는 공의의 하나님이시다"라고 외치고 있는 것입니다. 그리고는 그 하나님을 의지하여 담대하게 외치지요.

"오늘 잘 먹고 잘사는 사람, 교만하지 마라. 내일은 그렇지 않다. 오늘 굶주리고 헐벗은 사람, 걱정하지 마라. 내일에는 기쁜 날이 있다."

한나가 이렇게 외칠 수 있는 건 그녀가 유달리

똑똑해서라거나 가진 게 많아서가 아닙니다. 그녀
는 기도하는 사람이었고, 기도 속에서 하나님과 더
불어 살았으니까 하나님이 이끄시는 역사의 수레
바퀴를 볼 수 있었을 뿐입니다. 그래서 한나는 부
귀영화를 얻은 자들을 향해 잘난 체하지 말라고 담
대하게 외치고, 굶주리는 자들을 향해 걱정하지 말
라고 위로할 수 있었습니다. 우리의 인생이 우리
마음대로 펼쳐지는 게 아니라 결국은 공의로우신
하나님의 뜻대로 펼쳐진다는 걸 한나는 기도하면
서 꿰뚫고 있었던 것입니다.

그러므로 기도만이 답입니다. 자신의 무력함과
인생의 헛됨을 아는 자들이 돌아갈 곳은 하나님밖
에 없다는 얘기입니다. 그 하나님께로 돌아가 그분
으로부터 오는 것들을 구하는 것만이 이 시대의 희
망이라 그 말이지요.
성 아우구스티누스(Aurelius Augustinus, 354-430)의
어머니인 모니카의 생애를 보십시오. 그녀는 방탕

하여 사생아까지 낳은 아들 아우구스티누스를 위해 20년간 눈물로 기도한 사람입니다. 돈으로도, 인간의 타이름으로도, 세상의 어떤 것으로도 고쳐지지 않았던 아들의 방탕함이 오직 기도 때문에 달라졌다는 것은 우리가 누군가를 위해 할 수 있는 최선이 기도임을 말해 줍니다. 기도가 사람을 움직이게 하고, 기도가 가던 길을 돌아오게 하며, 기도가 사람을 살아나게 한다는 걸 성 아우구스티누스의 생애는 알려 주고 있습니다.

그렇다면 세월의 굽이굽이 많은 것들을 힘써 행하며 여기까지 온 우리들이 이제 행해야 할 일이 무엇인지 자명해집니다. 팔과 다리에도 힘이 빠지고, 일할 수 있는 능력도 점점 사라져 가는 이때, 우리는 무엇을 해야 한나처럼 세상을 향해 담대하게 외치고, 가난한 자들을 향해 위로의 말을 전할 수 있겠습니까?

기도밖에는 없습니다. 기도의 자리로 돌아가 "내 기도하는 그 시간 그때가 가장 즐겁다"(찬송가 364장)

는 찬송을 부르며 사랑하는 이들을 위해 기도하고, 하나님의 뜻이 이 땅에서 이루어지길 기도하며, 하나님과 내가 하나 되는 모습으로 나아가야 합니다.

이 사실을 알기에 나는 요즘에도 한 가지 꿈을 꾸며 사람들에게 예언마저 하는 형국입니다. 우리가 그렇게 기도할 수 있다면 노년의 때야말로 가장 많은 일을 해 내는 때가 될 수 있노라고. 그렇게 하나님과 더불어 사는 여생이 될 수 있다면 지금이야말로 그 어느 때보다 많은 사람을 살려 내는 가슴 벅찬 계절이 될 수도 있노라고.

기도야말로 우리 노년을 찬란하게 해 주는 하나님의 큰 선물임을 나는 지나온 일들을 돌아볼 때마다, 그리고 어머니와 한나를 기억할 때마다 확신하곤 합니다.

4부

끝이 있는 곳에 새로운 시작이

겨울이 없는 인생에게 봄은 불필요한 사치입니다. 추위에 떠는 사람들, 살았으나 사는 것 같지 않은 웅크림 속에서 투쟁하며 사는 노인들에게야말로 봄은 반드시 받아야 할 선물입니다. 와도 좋고 안 와도 그만인 봄이 아니라, 봄이 오지 않으면 더 이상 소망이 없는 우리들이기에 우리는 하나님이 주실 영생 복락의 봄이 올 때까지 이 겨울을 견뎌야 한다는 것입니다.

소망…
겨울을 사는 이유

파릇한 나무들의 싱그러움을 느끼며 동무들 손
을 잡고 봄 소풍을 가던 때가 엊그제 같은데, 우리
는 벌써 청년기, 중년기를 지나 인생의 겨울인 노
년기를 맞았습니다. 세월의 흐름은 어찌 그리 걷잡
을 수가 없는지요. 어제가 여름이고 그제가 봄이
었던 것 같은데, 벌써 나는 겨울 중에서도 일 년 중
해가 가장 짧다는 '동지'를 맞이해 버렸습니다.

이쯤 되면 내 인생의 계절도 거의 지나가고 있다
는 뜻입니다. 영국의 시인 테니슨이 "해는 지고 저

녁 종소리, 그 뒤엔 어두움뿐"이라 노래했듯이, 해가 지고 저녁 종소리가 들리면 우리에게도 캄캄한 어두움밖에는 찾아올 게 더 없는 듯 보이는 때입니다.

그러고 보니 얼마나 많은 이들이 이 지구 상에 왔다가 밤을 맞이해 떠나갔는지요. 누군가 계산을 해서 알려 주기를, 그간 지구 상에 살았던 사람들을 한라산, 백두산까지 다 놓아도 10층을 세워야 꽉 찬다고 하더군요. 얼마나 많은 인류가 이곳에 왔다가 떠나갔는지 그 숫자만 헤아려도 어마어마합니다.

그래도 그들이 가 주었으니 우리에게 살 기회가 생겼지, 그 사람들이 가지 않고 그대로 지구를 지키고 있었다면 우리는 발 딛고 살 곳조차 없었을 겁니다. 그 정도로 많은 이들이 어느 인생의 겨울날 홀연히 떠난 게 사실입니다.

그러나 그 떠남이 결코 끝이 아님을 우리는 계절

의 변화와 우리 본성의 움직임을 통해서 발견합니다.

암에 걸린 환자를 보십시오. 내가 아는 어떤 의사가 한번은 위암에 걸린 환자의 위를 거의 전부 잘라 냈는데, 그 말을 들은 환자가 "나는 그만 살겠다" 하지 않고, "살 수 있는 무슨 방법이 없냐?"고 묻더랍니다. 이 사람의 살려고 하는 의욕과 본성이 무엇을 의미하겠습니까? 계속해서 살고자 하는 그 마음, 살려는 그 집념이야말로 '영생'의 불가피성을 보여 준다고 말하지 않을 수 있을까요.

만약 사람에게 계속 살고 싶어 하는 본성이 없다면 죽음으로 생이 끝나는 게 문제 될 게 없습니다. 그러나 사람에겐 살고자 하는 의지가 본성적으로 불타오릅니다. 인생에 있어서 부활이 불가피한 이유가 그것입니다. 사람이란 '죽음'이라는 관문을 통과한 뒤 다시 살아서 영생하도록 창조된 존재라 그 말이지요.

하나님도 그걸 원하셨기 때문에 예수 그리스도

를 이 땅에 보내시어 부활의 길을 열어 놓으셨습니다. 죽을 날을 기다리는 자에겐 부활에 대한 기다림을 주셨고, 그 봄을 기다리기에 인생의 겨울인 노년기를 견딜 수 있다는 것입니다.

만약 이 봄이 없다면, 춥고 배고프고 병들고 쇠약해진 사람들에게 있어 겨울은 고통과 슬픔뿐일 겁니다. 하지만 더 가난하고 더 추운 사람들, 더 노쇠해서 봄이 와야 제구실을 하며 살 것 같은 사람들을 위해 하나님은 새 생명의 봄을 예비해 놓으셨습니다.

날씨라도 따뜻해져야 동구 밖 길을 걸어 다닐 수 있는 노인들, 매일 연탄 가게에 가서 구공탄 한두 개 사 들고 와야 밥도 짓고 된장찌개도 끓이고 온돌 구들바닥의 차가운 냉기라도 없앨 수 있는 사람들, 감방의 철창 밖으로 우중충한 겨울 하늘을 바라보면서 차가운 마룻바닥에 쪼그리고 앉아 추위와 싸우는 죄수들을 위해 그분은 봄을 설계해 놓으셨습니다.

이 말을 달리하면, 인생이 겨울에서 봄으로, 죽음에서 부활로 이어짐을 아는 것이 인생의 겨울을 견뎌 내는 진정한 비결이라는 뜻이기도 합니다. 머지않아 부활의 봄이 올 것을 안다면, 우리는 겨울이 안겨 주는 혹독한 고통과도 치열하게 맞서 싸울 수 있기 때문입니다. 동상에 걸린 발을 치료하는 데 최선을 다하고, 얼어 죽지 않기 위해 이불을 두세 겹씩 뒤집어쓰고 몸을 덥혀 봅니다. 겨울을 반드시 견뎌 내어 따뜻한 햇빛과 바람이 어우러진 봄날의 마당에 앉아 봄노래를 흥얼거리리라 다짐하면서 말입니다.

나는 인생의 어느 때에 그와 같은 계절을 보낸 적이 있습니다. 뜻하지 않게 감옥에 갇혔다가 풀려나온 뒤에 전국을 돌며 많은 사람들을 만나 이야기를 나누던 시절이었습니다. 내 본업이 학교에서 젊은이들을 상대로 학업을 가르치는 일이었으나 학교에서 내쫓기니 주변에 사람도 없고 나 홀로 내가 할 일을 찾아야만 했습니다. 그래서 전념하게 된 일이 강연하고 글 쓰는 일이었습니다. 학교에서 할 일을 주지 않으니 나 홀로 이 두 가지 일에 몸과 마음을 다 바쳤다 해도 과언이 아니었습니다.

그러다 또다시 연행되는 일도 수십 차례였습니다. 그게 어느 정도였는지, 1970년대의 어느 한 해에는 모 기관에 있는 사람의 말이 나를 200번은 보았다고 했습니다.

그렇게 시달리며 살던 때였지만 나는 내게 찾아온 겨울을 두려워하지 않고 내가 찾아야 할 언어를 찾아 사람들에게 전하는 일에 최선을 다해 싸웠습니다. 언젠가는 새 시대가 오리라는 믿음이 있었던 까닭이었지요. 역사의 변천 과정을 보건대, 그 추운 계절도 언젠가는 지나가리라 믿으며 나는 기나긴 겨울 내내 살기 위해 몸부림을 칠 수 있었습니다. 그런 후에 찾아온 봄이었으니 얼마나 찬란하게 고맙던지요.

겨울이 없는 인생에게 봄은 불필요한 사치입니다. 추위에 떠는 사람들, 살았으나 사는 것 같지 않은 웅크림 속에서 투쟁하며 사는 노인들에게야말로 봄은 반드시 받아야 할 선물입니다. 와도 좋고 안 와도 그만인 봄이 아니라, 봄이 오지 않으면 더 이상 소망이 없는 우리들이기에 우리는 하나님이 주실 영생 복락의 봄이 올 때까지 이 겨울을 견뎌야 한다는 것입니다.

　　그러니 홀로 사는 것 같은 이 계절이 혹독하다고 스스로 기다림을 포기한 채 생을 끝내 버려서는 안 될 일입니다. 인생이란 최후에 맞을 봄을 준비하는 과정이어야 하지, 결코 어느 해 겨울에 스스로 시간을 차단해 버리는 것이어선 안 된다는 뜻입니다.

　　동지가 지나 점점 더 추워지는 날씨에 홀로 맞서 싸워야 하는 나도 날마다 이 사실을 떠올리곤 합니다. 좋은 시절 다 가고 때론 견딜힘이 너무 없는 게 아닌가 싶을 때도 있지만, 우리가 일제강점기를 견뎠기에 광복의 그 벅찬 기쁨을 맞이했음을 떠올리면서, 다가올 봄에 대한 확신을 되새기면서 겨울의 한 페이지를 넘기고 있다는 것입니다.

　그게 어디 나만의 이야기이겠습니까. 아마 이 땅의 노인들이 그렇게 이 겨울을 함께 견디고 있으리라 믿습니다. 우리는 이 계절의 끝에서 슬픔도 없고 병도 없으며, 미움도 없고 원망도 없는, 완전한 평화가 머무는 그곳을 향해 가는 사람들이니까요. 멈춰 있는 것 같지만 사실은 오늘도 영생의 봄을 향해 거북이처럼 가고 있는 사람들, 그들이 바로 우리 노인들이니까요.

빛 ...

숨어서 수고하는 값진 인생

16세기 종교개혁자들은 중세 신앙인들의 부패 원인을 "누구 앞에서 사느냐?"의 문제로 파악했습니다. 하나님을 믿는다고 하면서도 '사람 앞'에 잘 보이고, '세상 앞'에 거들먹거리며 살려다 보니 종교인들의 타락이 청산되지 않는다는 주장이었지요. 그래서 그들은 '앞에'라는 뜻의 '코람(Coram)'과 '하나님'이라는 뜻의 '데오(Deo)'를 합한 '코람데오'를 말하며 '하나님 앞에' 사는 삶의 방식을 택해야 한다고 외쳤습니다.

그러고 보면 우리가 지금껏 해 왔던 이야기도 코람데오라는 한 단어에 축약되어 있음을 발견합니다. 하나님 앞에 산다는 것이야말로 거품을 걷어 낸 삶의 본질적인 자세를 뜻하는 것이요, 우리가 나이들어 가며 머물러야 할 자리임이 분명합니다.

그러나 대부분의 사람들은 사람 앞에 살아가지, 하나님 앞에 살아가지를 못합니다. 우리나라 사람들이 왜 그토록 감투를 좋아하겠습니까? 높은 자리에 앉아서 사람들에게 우쭐대고 싶어서입니다. 아이들에게 공부, 공부를 외치는 이유도 마찬가지입니다. 공부 잘해서 의사가 되고 판사, 검사가 되면 사람들 위에 군림하며 살 수 있고 사람들 앞에 대접받을 수 있다고 생각합니다.

심지어 자랑거리가 없는 인생, 대접받지 못하는 인생을 실패한 인생이라 여기는 이들도 적지 않습니다. 이는 모두 사람들 앞에 인정받는 것을 인생의 목적으로 여기기 때문에 벌어지는 모습들입니다.

그런데 하나님의 아들 예수께서는 자신이 세상에 온 이유에 대해 이렇게 말씀하셨습니다.

"나는 섬김을 받으러 온 게 아니라 섬기러 왔고 많은 사람을 위해 목숨을 바쳐 몸값을 치르러 왔다"(마 20:28 참조).

그분이 이 땅에 태어나신 목적이 사람들 앞에 대접받기 위함이 아니라는 겁니다. 오히려 섬기기 위해 오셨으므로 목숨까지 주고 가겠다고 하셨습니다. 이를 위해 예수께서는 '사람 앞에' 사는 삶이 아니라 '하나님 앞에' 사는 길의 모본을 보이십니다. 죄인들과 병자들과 창녀들과 소외된 자들과 가까이 지내시고, 그들을 돕는 일에 많은 시간을 쓰십니다.

하나님의 뜻을 따라 행하고, 하나님께 기도하며, 하나님과 하나가 된 삶을 사시다 보니 하나님의 마음이 머무는 사람들에게는 따뜻하게 대하시고, 하나님이 질책하신 바리새인들이나 권력자들 앞에서는 당당하게 호통을 치실 수 있었습니다.

나는 거룩한 사람입네, 하며 사람들 보는 데서 일부러 큰 소리로 기도하는 바리새인들에게, 골방에서 기도할 일이지 왜 사람들에게 보이기 위해서 길거리에서 기도하느냐고 야단치신 일이 그것입니다. 인간은 이렇듯 하나님 앞에 드려야 할 기도마저 사람들 앞에서 보란 듯이 하며 사람들에게 대접받고자 하는 속물근성을 가진 존재입니다.

　　말이 나와서 말이지만, 사람들 앞에서 기도를 번지르르하게 잘하는 사람치고 진실로 하나님 앞에 기도하는 사람을 나는 별로 본 적이 없습니다. 정말로 하나님 앞에서 너를 위해, 또 민족을 위해 안타깝게 기도하는 사람은 물 흐르듯 기도하기가 어렵다고 봅니다. 한마디 하고는 한숨이 나오고, 또 한마디 하고는 눈물이 나옵니다. 목이 메어 때로는 기도가 막힐 수밖에 없습니다. 하나님은 아마도 그런 기도를 받으시는 분이 아닐는지요.

　　내 마음이 하나님 그분께만 온전히 들어간 채 골방에서 더듬더듬 기도하는 것이어야지, 사람들 듣기에 좋으라고 말을 다듬고 정리해서 청산유수로 하는 기도가 결코 진실한 기도의 잣대가 될 수 없다는 얘기입니다. 때로는 가래가 껴서 기침을 쿨럭거리며 하는 기도, 이부자리에 누운 채 신음 중에 드리는 늙은이의 그 연약한 기도를 하나님이 들으시고 이 땅 위에 역사를 펼쳐 가신다고 나는 믿습니다. 그러니 우리들은 유창한 기도를 드리려고 애쓰지 말고, 진실한 기도를 하나님 앞에 드리는 데 애쓰면 될 일입니다.

세상을 사는 것도 마찬가지입니다. 세상 돌아가는 원리를 보세요. 세상은 아무도 몰래 숨어서 선을 행하고, 구제할 때 오른손이 하는 일을 왼손이 모르게 하는 사람들로 인해 이나마 유지되고 발전되는 것이지, 결코 성공한 리더랍시고 사람들 앞에 대접받으며 뽐내는 사람들 때문에 발전되는 게 아닙니다.

자기 자신이 잘났다고 생각하며 이름을 떨치는

일에 목숨을 거는 사람들을 보십시오. 그들은 하나같이 세상을 부패하게 만들지 세상을 깨끗하게 청소할 줄을 모릅니다. 반대로 이름도 없이 빛도 없이 살아가는 사람들을 보십시오. 그들 중에 어떤 이가 세상을 더럽게 합디까. 그들은 그저 자기 자신을 내던져 모든 음식의 맛을 살려 주거나, 혹은 자기 자신을 내던져 음식물을 썩지 않게 하는 소금처럼 살아갈 뿐입니다.

하지만 사람들은 그런 소금을 별로 알아주지 않습니다. 음식을 조리할 때 그저 소금 한 번 툭 던져 넣을 뿐, 소금 알갱이 하나하나를 결코 개체로서 빛나게 보는 법이 없습니다. 그냥 소금일 뿐이라 생각하며 바라봅니다.

그러나 세상을 이처럼 사랑하사 독생자 예수님을 이 땅에 보내신 하나님이 보실 때에는 그 소금 같은 사람이 제일로 고마운 겁니다. 하나님이 사랑하시는 이 세상이 보존되도록 하는 데 소금처럼 귀한 역할을 하는 것이 없기 때문입니다. 그것은 곧,

사람들 앞엔 별로 빛나 보이지 않는 그런 사람들이 장차 하나님 앞에서는 빛날 사람들이라는 뜻이기도 합니다.

나는 어릴 적, 다니던 평양의 어느 교회에서 그런 할아버지를 본 적이 있습니다. 요즘은 풍금 페달을 발로 밟게 되어 있지만, 당시만 해도 풍금 소리가 나려면 풍금을 연주하는 사람과는 별도로, 누군가 풍금 뒤에 숨어서 페달을 손으로 돌려야만 했습니다. 내가 봤던 할아버지는 바로 그렇게 풍금 뒤에 숨어 손으로 페달을 돌리는 분이었습니다.

그 노인은 평생 그 일을 했습니다. 그러니 아무도 그분을 알아주지 않았습니다. 사람들이 주목해 보는 이는 풍금을 치는 예쁜 아가씨일 뿐. 더구나 예배 시간에 아름다운 풍금 소리가 울려 퍼질 때면, 사람들은 모두 그 아가씨를 찾아가 예쁘다, 풍금을 잘 친다며 칭찬과 격려를 아끼지 않았습니다. 하지만 그 할아버지를 찾아가 수고하셨다고 말하는 이를 한 번도 본 적은 없었습니다.

그러나 하나님만은 그 노인네의 숨어서 하는 봉사를 어여쁘게 보셨을 분입니다. 그 노인네가 숨어 페달을 손으로 돌리지 않았다면 예배가 제대로 드려지지 못했을 테니 말입니다. 그 노인네야말로 하나님 앞에서만 예배를 드린, 참신앙의 예배자였던 것입니다.

내 인생이 어느덧 겨울이라는 계절을 맞았기 때문일까요. 밖으로 멋있게 드러나는 모습, 사람들에게 그럴싸하게 보이는 모습이 사실은 아무것도 아님을 점점 더 실감하는 요즘입니다. 양복만 입으면 다 신사가 아니고, 양장만 입었다고 다 숙녀가 아니듯, 겉으로 대단해 보이는 일이 사실은 대단치 않다는 이 진실 앞에서, 내게 남은 시간만큼은 그 옛날 풍금 페달을 돌렸던 소박한 노인네처럼 '하나님 앞에' 살다 가는 인생이고 싶어집니다.

내 이름을 알아주지 않고 내 모습이 빛나 보이지

않아도 그저 하나님이 보실 때 기뻐하실 그런 일을 조금이라도 할 수 있으면 좋겠습니다. 동네 지나가다 떨어진 휴지 한 뭉텅이 주워 쓰레기통에 버리고, 구걸하는 내 형제들에게 천 원짜리 한 장밖에 못 내밀더라도, 그렇게 대단치 않은 일을 하나님 앞에서만 진실히 행하는 노인이고 싶습니다.

  이름을 남기려 하지 말고 숨기려 하고, 대접을 받으려 하지 말고 남은 목숨까지도 남을 위해 주고 가려 하는 것, 그것이 우리 인생의 참된 목적이어야 함을 예수께서는 우리들에게 알려 주고 싶으셨는지도 모릅니다. 높고 높은 하늘 보좌의 영광을 버리시고 낮고 낮은 이 땅에서도 가장 초라한 동네 베들레헴의 말구유에서, 그것도 가난한 목수의 아들로 태어나 평생을 가난한 자들과 어울리시다가 자기 목숨마저 십자가에서 내어 주신 예수님의 행적이 이를 알려 줍니다.
  예수님의 뒤를 따르는 자리가 본래 우리 노인들

이 서야 할 자리였음을 이제 우리는 시인해야 할 때를 맞았습니다. 사람 앞에 살아왔던 우리의 지나온 세월을 돌아볼 때나, 혹은 자신의 이름을 남기려던 이들이 남긴 수많은 악행의 역사를 돌아보면 더욱 그러합니다.

싱그럽던 풀은 마르고 화려하게 피었던 꽃들은 시들어 사라졌지만, 하나님의 말씀만은 영원히 남아 있는 이 계절의 진리 앞에서 우리는 남은 생애, 코람데오를 외치며 소금이 되기를 꿈꿔야 할 것입니다.

거듭남 ...
날마다 죽으면 날마다 새롭다

우리는 다가올 봄을 맞이할 사람들입니다. 그럼에도 불구하고 우리는 겨울과 같은 오늘의 현실에 대해 때때로 회의감에 젖습니다. 나이만 늘어 가는 우리의 한계에 날마다 부딪치다 보니 '이래가지고 되겠는가' 라는 생각이 종종 찾아드는 까닭입니다. 나 잘난 맛에 살았던 게 젊은 시절이라면, 노년 시절은 자기 못난 맛에 살아야 하는 때임을 실감합니다. 나에 대한 한계를 넘어 실망으로, 그 실망을 넘어 절망으로 치닫게 되면서, 이 겨울을 '어떻게' 견뎌 내서 봄을 맞을 것인가의 문제가 우리에게 남아 있습니다.

그런데 나에 대해 절망하는 오늘의 이 현실이 사실은 우리 자신을 새롭게 할 수 있는 기반임을 아시는지요? 나 자신을 구원할 힘이 스스로에게 없음을 아는 이 노년의 절망이야말로 우리를 그리스도이신 예수께로 이끄는 원동력이라는 얘깁니다. 이렇게나 가망 없는 나, 이렇게나 한계가 분명한 나를 깨달을 때 우리는 비로소 우리 자신을 예수 그리스도께로 가지고 가게 됩니다.

어떤 이들은 수양을 하면 절망을 이겨 낼 수 있다고도 말합니다. 그러나 어림없는 소리입니다. 아무리 수양을 해도 늙고 병든 내 몸을 이끌고 요단강을 건널 도리가 없습니다. 수양으로 사람 자체가 거듭나서 천국까지 가는 경우는 없다는 겁니다.

사람이 거듭나는 일, 즉 완전히 새사람이 되는 일은 그와 같은 인간적인 노력만으로는 불가능합니다. 거듭난다는 것은 마치 썩어 가던 식물이 다른 땅에 옮겨짐으로 그 뿌리부터가 새로워지는 것을 의미합니다. 그래서 돋아나는 잎부터 달라지는 것, 생각하는 방식이 바뀌고 마음가짐이 달라져 완전히 새로운 사람이 되는 게 거듭남이요 변화입니다.

그와 같은 변화가 어떻게 인간의 노력으로 가능하겠습니까. 누군가 나를 다른 땅으로 옮겨 주지 않는 한, 그 누군가의 힘으로 내 뿌리부터가 달라지지 않는 한 나는 새사람이 될 수 없습니다. 내게 찾아오시는 거룩한 영으로라야 우리는 존재의 밑바닥부터 변화되는, 진실로 거듭난 자가 될 수 있습니다.

수십 년 전 나는, 그렇게 변화된 어떤 사람의 수기를 읽은 적이 있습니다. 영등포 교도소에 수감되었던 전과 11범의 이야기입니다.

어떤 사람이 전과 11범으로 감방에 들어가게 되자 그는 더 살고 싶은 마음이 사라졌던가 봅니다. 한 생애를 감방에 들락거리며 살았던 자신을 보니 절망이 찾아왔던 겁니다. 그래서 죽는 방법을 생각한다는 게 전과 11범답게 잔인하고 특이한 수법을 찾아냅니다. 면도날 열두 개를 구해 와서는 그 면도날들을 잘근잘근 씹어 삼키고 죽는 것이었습니다.

계획대로 일은 진행됩니다. 감방 안 부하들을 시켜 면도날을 구해 오고, 그런 후에 주저 없이 면도날을 씹어 삼켰습니다. 이윽고 참을 수 없는 고통이 찾아왔고, 데굴데굴 구르는 그를 교도관들이 급히 병동으로 옮겨 엑스레이를 찍게 합니다. 당연히 의사들은 배를 갈라 수술을 하자고 권했겠지요. 수술하지 않으면 죽을지도 모른다면서 말입니다.

그러자 그는 "그냥 둬라. 어차피 나는 죽는 걸 원했다. 이대로 살다 죽겠다"고 완강하게 고집을 부려 다시 감방으로 돌아가게 되었습니다. 그때부터 그는 극심한 고통 속에서 1분 1초를 살아야 했습니다.

그런데 다음 날 새벽, 그에게 뜻밖의 일이 벌어졌습니다. 지금은 교회당에서 울리는 종소리가 없어졌지만 당시만 해도 새벽녘이나 저물녘 교회당에서 종소리가 울리곤 하지 않았습니까? 전과 11범이 갇혀 있던 영등포 교도소에서도 이 새벽 종소리가 뎅그렁뎅그렁 울렸던가 봅니다.

말 못할 고통에 시달리며 밤새 잠을 못 이루던 그는 그 새벽녘, 어디선가 들려오는 종소리가 마치 자신의 온몸과 마음을 어루만져 주는 것 같은 신비한 체험을 합니다. 생에 대한 저주와 분노의 파도가 그 마음 안에서 그칠 새가 없었는데, 그 종소리를 듣는 순간 이상한 평안이 찾아와 그의 마음이 어느덧 잔잔해졌던 것입니다.

그러자 그는 생애 처음으로 자신이 붙잡고 있었던 자존심과 삶의 방식을 다 버리고, 성경책을 손에 들어 읽었습니다. "내가 내 주먹을 믿지, 하나님을 믿어?"라고 말하던 옛 사람의 자취가 그에게서 사라지는 순간이었습니다.

자신의 목숨이 얼마 남지 않았다고 생각했기 때문이었을까요? 그는 성경 요한복음을 읽으며 말씀

한 구절 한 구절이 그대로 믿어지고, 그대로 이해가 됨을 경험했으며, 그러다 보니 순식간에 요한복음을 다 읽게 됩니다. 그러자 문득, '내가 죽을 필요가 없지 않은가?'라는 생각이 들었다고 합니다. 자신의 죄를 위해 십자가에서 죽으신 예수 그리스도의 복음을 알았으니, 이제 그는 살아야 한다는, 그것도 새롭게 살아야 한다는 생각에 사로잡혔는지도 모릅니다.

어쨌든 그는 성경이 정말 재미가 있어서 20일 동안 성경을 마저 다 읽게 되었고, 그사이 그의 몸에선 놀라운 일들이 벌어졌다고 합니다. 그가 씹어 삼킨 면도날 열두 개가 배설 작용을 통해 밖으로 다 나와 버린 것입니다. 성경을 읽으며 그의 사람 됨이 완전히 새로워지는 동안 그의 몸까지도 새롭게 되는 기적 같은 일이 일어난 것입니다.

나는 이 수기를 읽고는 도저히 믿어지지가 않아 당시 어느 유명한 의사에게 묻기도 했습니다. 이런 일이 정말 가능할 수 있는가, 하고 말입니다. 그러자 의사는 그렇게 나올 수도 있는 게 우리 인체의 신비라고 하더군요. 바늘을 삼키면 여기저기 콕콕 찌르기만 할 것 같지만 어떤 경우에는 내장의 벽을 슬슬 피하다가 밖으로 빠져나오기도 한다는 겁니다.

그렇다면 감옥에 있던 그 친구의 경우에도, 자신에 대한 절망만을 계속 가슴에 품고 있었다면 그의 내장도 절망이라는 벽에 갇힌 채 면도날을 움켰을지도 모를 일입니다. 그러나 그의 절망이 모티프가 되어 하나님을 찾았을 때, 그는 생의 희망을 발견하고 살아야겠다는 새 삶에의 의지를 불태웠을 겁니다. 그러자 그의 몸 안의 내장도 제 기능을 발휘하며 새로운 삶을 위해 힘차게 움직였던 것은 아닐는지요.

무엇보다 나는 자기 자신에 대한 절망과 혐오로 가득 찬 채 인생의 겨울을 살던 그에게 "수고하고 무거운 짐 진 자들아 다 내게로 오라 내가 너희를

쉬게 하리라"(마 11:28)고 하신 예수 그리스도의 말씀이 정말 복음으로 다가갔을 거라는 생각이 들었습니다. 자신에 대해 절망했기 때문에 그는 자신의 주먹을 철석같이 믿으며 살아왔던 기존의 삶의 방식을 과감하게 버리고, 하나님께 자신의 영혼을 온전히 맡길 수 있었을 거라는 얘기입니다.

그렇다면 우리 노인들은 어떨까요? "나는 이제 아무것도 못해", 혹은 "나는 이제 살아갈 이유가 없어"라고 말하며 스스로에 대해 절망하고 있지는 않는지요? 만약 우리가 우리 인생에 대해 그처럼 탄식하고 있다면, 지금이야말로 날마다 새롭게 살 수 있는 때임을 기억할 일입니다.

"이제 내가 사는 것은 내가 아니라 그리스도께서 내 안에서 사시는 것입니다. 지금 내가 살고 있는 것은 나를 사랑하시고 또 나를 위해서 당신의 몸을 내어 주신 하나님의 아들을 믿는 믿음으로 사는 것입니다"(갈 2:20 참조)라고 말했던 사도 바울의 고백처럼, 지금이야말로 부족하기만 한 나를 버리고, 내 안에 찾아오신 예수님을 주인으로 모시며 살아야 할 때라는 것입니다.

여기서 나를 버린다는 건 전과 11범 죄수처럼 내 주먹과 내 능력을 믿고 살아왔던 그간의 삶의 방식을 버린다는 뜻입니다. 나이들어 몸이 꼬부라졌어도 여전히 살아 있던 나의 자아가 이 세상에서 죽어 없어지는 일이기도 합니다.

그렇게 내 자아가 죽은 채 예수 그리스도를 믿기 시작하면 내 육신의 삶을 이끌고 움직이는 주체는 내가 아니라 나를 찾아오신 예수님이 됩니다. '나'라는 사람의 뿌리가 '나 자신'에게서 '예수 그리스도'께로 옮겨졌기 때문입니다. 그렇게 되면 나는 내 능력을 믿고 살던 '옛 사람'이 아니라, 예수님의 능력으로만 살아가는 '새로운 피조물'로 거듭나게 됩니다.

"그런즉 누구든지 그리스도 안에 있으면 새로운 피조물이라 이전 것은 지나갔으니 보라 새것이 되었도다"(고후 5:17).

놀랍지 않습니까? 그리스도 안에 있으면 새로운 피조물로서 살아간다는 이 사실 말입니다. 스스로의 한계가 날마다 더해 가고 이제 무슨 낙으로 살아야 할지 모르는 우리들에게 '새것이 되었다'는 이 말씀이야말로 놀라운 복음입니다.

그런 의미에서 나이듦을 정의 내리라면, "날마다 새롭게 사는 것"이라 말해도 무방할 것 같습니다. 나이들어 가며 나에 대해 절망할 때마다 우리는 낡은 나를 버리고 예수 그리스도로 덧입은 새로운 나로 살아갈 수 있으니까요. 나이듦이란 날마다 죽어 날마다 새롭게 살아나는, 새로운 피조물로 새로운 계절을 향해 가는 신선한 여정이요 축복이니까요.

떠남...
가야 할 길을 알려 준 여인의 미소

우리는 흔히 죽음을, 삶 자체에 종지부를 찍는 일이라 생각합니다. 마치 연극의 검은 막이 내리면, 한 사람을 중심으로 펼쳐졌던 연극 속의 모든 인간관계가 종식되듯이, 죽음으로 만사는 끝이 나고 슬픔밖에 남는 게 없다고 여기는 것입니다.

틀린 말만은 아닙니다. 아무리 학교 가는 것을 싫어하는 아이도 졸업식 날에는 마지막임을 실감하며 눈시울을 적시듯, 이별은 어디서나 슬픔을 남기는 법이니까요. 더구나 사람은 태어날 때부터 복

잡한 관계로 얽혀 있는 존재가 아닙니까. 누구의 죽음이든 그 죽음의 파장은 당사자에게만 머무는 게 아니라 남겨진 사람들에게까지 반드시 미친다는 점에서 죽음은 사회적인 것이라 말할 수 있습니다.

그런데 문제는 그와 같은 떠남과 이별이 누구나 피해 갈 수 없는, 우리가 살아가면서 수시로 맞닥뜨려야 할 현실이라는 점입니다. 그래서 우리는 떠나가는 뒷모습이 중요합니다. 떠날 때 떠나되 어떤 모습으로 떠나느냐에 따라 남겨진 자들에게 평화와 소망이 주어질 수도, 혹은 슬픔과 고통만이 남겨질 수도 있기 때문입니다.

죽음으로 인한 이별까지는 아니더라도 남의 집을 방문했을 때를 생각해 보십시오. 그곳에서의 시간이 즐겁다고 필요 이상으로 오래 눌러앉아 떠날 줄 모르면 집주인에게 실례가 될 뿐 아니라 큰 불편을 안겨 줍니다. 집주인이 차마 "어서 가라"고 말하지 못하고 웃음 아닌 웃음을 지어 보이는 것을 더 오래 눌러앉아 있어 달라는 뜻으로 착각하고 오래 머물다 보면, 나중엔 "제발 좀 가라"는 집주인의 호통 아닌 호통마저 듣게 됩니다.

대통령에게 정해진 임기가 있고 공직자들에게 정년이 있는 것은 그런 점에서 좋은 일입니다. 미국의 역사를 보건대, 미국이 저만큼이라도 민주주의를 이루게 된 것이 나는 초대 대통령 조지 워싱턴(George Washington, 1732-1799) 덕분이었다고 생각합니다.

그가 대통령의 두 번째 임기를 끝낼 무렵, 미합중국이라는 신생 공화국은 아직 분열의 위기를 벗어나지 못하고 있었습니다. 알렉산더 해밀턴(Alexander Hamilton, 1755-1804)이 대표하는 연방주의자들과 이에 맞서는 토머스 제퍼슨(Thomas Jefferson, 1743-1826)의 반연방주의자들 사이의 불화와 반목이 심상치 않았지요. 그러다 보니 재출마 의사가 전혀 없는 조지 워싱턴을 향해 누군가 다음과 같은 말들을 쏟아 낸 것도 무리는 아니었을 겁니다.

"각하, 각하께서 물러나시면 미국은 망합니다."

만약 그때 조지 워싱턴이 "그렇겠지. 아무래도 내가 없이는 어려울 거야"라고 했다면, 그리고 3선을 준비하라고 측근에게 지시했다면 미국이라는 나라는 오늘과는 다른 모습이 되었을 겁니다.

그러나 조지 워싱턴은 3선 출마를 금하는 어떤 헌법상의 규제가 없던 그 시절에도 단호히 "No"를 외치며 이렇게 말했습니다.

"이 사람아, 이 역사에는 없어선 안 될 사람이 없는 법이야."

그리고는 표연히 물러나 마운트 버논 시골 농장으로 은퇴하여 조용히 여생을 보냈다고 전해집니다. 그러자 미국의 역사는 평화롭게 흘러갔고 그에 대한 찬사도 계속될 수 있었습니다.

프랑스의 군인이자 정치가인 드골(Charles de Gaulle, 1890-1970)이나 캐나다의 수상 트뤼도(P. E. Trudeau, 1919-2000) 같은 인물도 비슷한 모습을 보여줬습니다. 떠나야 할 때 미련 없이 떠나는 멋진 결단을 통해 그들 개인의 삶의 뒤끝은 평온할 수 있었고, 그들 조국의 역사는 더욱 발전할 수 있었습니다.

그러나 이와 다른 예들도 역사 속에는 얼마든지 있습니다. 일단 권좌에 앉은 뒤 그 자리에 대한 욕심과 미련으로 좀처럼 물러나지 않았던 대표적인 인물이 구소련의 스탈린(Joseph Stalin, 1879-1953)입니다. 그는 어느 해 전당대회에서 '우주의 태양'이라는 오만불손한 칭호마저 받은 후 권력의 자리에서 떠날 줄 몰랐습니다. 죽음마저도 최고 권력자의 자리에서 맞이할 정도였습니다.

그러자 그의 사후 스탈린의 충성파 중 두목이었던 흐루시초프(Nikita Khrushchyov, 1894-1971)는 제일 먼저 반기를 들고 나와 스탈린을 격하시키는 일에 앞장섰습니다. 떠남을 망설이며 끝끝내 권좌를 붙들려 했던 자에게 남은 것은 그에 대한 그리움이나 슬픔이 아니라 잔재마저 다 없애 버리는 허망함이었던 것입니다.

유고슬라비아의 정치가인 티토(J. B. Tito, 1892-1980)
나 중국의 권력자 모택동(Mao Zedong, 1893-1976)도
그런 부류의 사람들이었습니다. 자신의 자리를 떠
나지 않으려 했던 이들의 뒷모습이 얼마나 처참했
는지. 모택동은 그 죽은 후 얼마 뒤에 그의 아내인
강청마저 사형 언도를 받도록 이끌었던 사람으로
알려져 있습니다.

그들이 떠나야 할 때 떠날 줄 알았던들 그처럼
악한 중에 악한으로 역사에 남는 불명예만은 씻을
수 있었을 텐데, 한 치 앞을 모르는 인간의 어리석
음이 얼마나 큰지 모르겠습니다.

나는 이 모두가 '두려움'을 극복하지 못한 인간
의 연약함을 보여 주고 있다고 생각합니다. 권력욕
을 가진 사람은 그 자리를 떠나면 못 살 것 같은 두
려움이 있으니까 어떻게든 권력의 자리를 떠나지
못하는 것입니다.

아마도 조지 워싱턴은 대통령의 자리를 떠나 시

골 농장으로 떠날 때, 권력을 내려놓은 자연인으로서의 삶이 오히려 대통령의 자리보다 더 좋을 수 있음을 아는 안목이 있었던 게 아닌가 싶습니다. 다 내려놓고 훌훌 떠나가도 그에겐 두려울 게 아무것도 없었던 것입니다.

사람이 죽음을 향해 떠날 때도 이와 다르지 않은 것 같습니다. 죽은 후 가야 할 곳이 분명한 사람, 더구나 가야 할 그곳이 허망한 지옥이 아님을 아는 자에겐 죽음이 더 이상 두려움만은 아니라는 얘기입니다.

돌이켜 보면 나는 어린 시절부터 30대까지, 죽음에 대한 막연한 공포에서 벗어나지 못한 채 살았던 것 같습니다. 더욱이 어렸을 적에는 상여가 가고 베옷 입은 상제가 뒤따르는 모습이 너무 무섭고 가슴이 떨려서 차마 보지 못했던 기억이 있습니다.

평양서 초등학교에 다니던 어느 겨울, 동리의 명륜당 가까이서 얼어 죽은 거지의 몸 위로 가마니를 씌운 광경을 보고 난 뒤부터는 언제나 그 지점을 피해 학교에 가기도 했습니다. 죽음이란 게 정말 무섭고 두려운 생각이 들어 피하고만 싶었습니다. 나의 형이 일본군에 끌려가 소만 국경에서 원인 모를 사고로 죽고 그의 뼈가 조그마한 상자 속에 담겨 집으로 돌아왔을 때도 나는 감히 그 상자에 손을 댈 생각을 못했습니다.

그러다 사십이라는 불혹(不惑)의 나이를 넘긴 후, 나는 오랜 병고에 지쳐 마지막 숨을 몰아 내쉬는 어머님의 수척하신 몸을 두 팔로 안은 채 어머님의 최후 순간을 지켜보게 되었습니다. 아마도 그때가 죽어 가는 이의 모습을 가까이에서 목격한 최초의 순간이었을 텐데, 놀랍게도 나는 어머님의 임종 순간을 지켜본 뒤로 죽음에 대한 공포에서 완전히 벗어날 수 있었습니다.

최후의 숨을 내쉰 어머님의 식어 가는 몸을 자리에 편안하게 뉘어 드린 후에는 '나는 언제 죽어도 좋다'라는 이상한 용기와 기쁨마저 내 가슴에 가득 번졌습니다. 삶과 죽음이 분리되는 게 아니라 하나라는 사실까지 그 순간에 나는 확인하고 있었습니다.

어떻게 그런 일이 가능했을까요? 어머님이 운명하시던 바로 그 시각, 나는 어머님의 얼굴에서 말로 설명할 수 없는 매우 평화롭고 따뜻한 미소를 보았기 때문이었습니다. 분명 숨을 거두시고 몸마저 싸늘하게 식어 가고 있었건만, 죽음 직전에 어머님의 얼굴에 번져 갔던 그 따뜻하고 반가운 미소는 어머님의 살아생전 그토록 사모하시던 주님의 얼굴을 뵙고 있음을 보여 주고 있었던 것입니다.

그러니 어머님의 얼굴 어디에서도 이 세상을 떠날 수 없노라 절규하며 억울해하는 이의 표정이 깃들 수 없었습니다. 갈 곳이 준비된 자, 더구나 그 준비된 곳이 정말로 갈 만한 곳, 아름다운 곳임을 어머님의 아름다운 미소는 분명히 말해 주고 있었던 것입니다.

그리고 보면 어머님의 떠나시는 뒷모습은 삶과

죽음이 하나로 연결되어 있음을 알려 주는 표징이 었습니다. 이 땅에서 기쁨 가운데 살았던 자가 떠날 때도 기쁘게 떠날 수 있음을, 또한 떠날 때 평화롭게 떠나는 자가 이 땅에서도 평화로이 살았던 자임을 어머님은 보여 주고 계셨습니다.

그래서 나는 어머님 얼굴에 번졌던 그 평화로운 미소가 영원하듯이 내 생명의 아름다움도 영원할 것이라 믿게 되었습니다. 그러니 어머님의 죽음 이후 나는 남아 있는 내 생애를 더욱 가치 있고 아름답게 여기며 살게 되었습니다. 죽음이 끝이 아니라 새로운 출발임을 알았기에 남은 생애를 그 새로운 출발을 위한 준비 과정으로 받아들일 수 있었습니다.

어머님이 떠나시던 뒷모습으로 인해, 아니 어머님이 생전 동행하셨고, 지금도 동행하고 계신 그 주님으로 인해 이제 나는 죽음이 두렵지 않습니다. 살아 있는 오늘과 떠날 내일이 연결되어 있음을 알기에 나는 오늘도 감사로 하루를 살고, 곧 다가올 내일도 감사하며 떠나게 되길 기도할 뿐입니다. 내

가 살아가는 현재의 모습은 내일 떠나갈 나의 뒷모
습을 비쳐 주는 거울이란 걸 언제나 기억하면서 말
입니다.

너도 가고 나도 가야지

아주 오래전, 미국 매사추세츠의 작은 고을 퀸시
라는 곳을 찾아가 명문가로 알려진 애덤가의 저택
을 구경한 적이 있었습니다. 대통령도 두 사람이나
났고 학자와 식자도 우글우글했던 명문가인지라
그 집의 서재가 얼마나 대단할까 싶어 저택의 서재
에 들어가 봤습니다. 과연 감탄을 금할 수가 없더
군요. 개인이 마련한 장서가 어쩌면 그렇게도 많은
지요. 가죽으로 제본된 어마어마한 책들이 줄줄이
꽂혀 있어 그 넓은 방 안엔 서책의 기운만이 가득

했습니다.

그러나 그 책들은 하나같이 펴 보기가 어렵다는 게 관리인의 말이었습니다. 보관을 잘하려고 애써 보았지만 200년의 세월이 흐르다 보니 종이가 누렇게 변색되다 못해 바짝 말라붙어서 책장을 넘기기가 어려워진 것입니다.

세월 앞에 무력한 것은 사람만이 아니었습니다. 책이 세월과 더불어 그처럼 퇴색해 버렸듯, 책 속에 기록된 인간의 사상이라는 것도 결국은 낡아져 쓸모없이 되었음을 재차 확인한 순간이었습니다. 그러니 "내 생각은 새로운 것"이라고 아무리 우겨 보아도 세월은 저만큼 서서 인간을 비웃지 않을 수 없을 겁니다. 영원히 잘나갈 줄 알고 잘난 척 으스대는 어리석은 인간들을 향해 세월은 그렇게 사나운 눈총을 보낼 수가 있더라 그 말입니다.

"세월이 물처럼 빨리 흐른다"는 말을, 나는 어렸을 때는 전혀 의식하지 못했습니다. 아니할 말로 누가 20대 전에 세월의 흐름을 실감하겠습니까. 그때까지도 세월이란 그저 거기 그대로 서 있을 걸로만 여기며 살아갔습니다.

그런데 내 나이 스물을 넘어가니 세월 가는 소리를 가끔은 들을 수가 있습디다. 악보 상의 '아다지오'라고나 할까요. 그러다 30대가 되니 확실히 템포가 달라지는 것을 의식했습니다. 그때 느끼는 세월의 감각은 '모데라토'라고 하면 적당하겠습니다. 마흔의 언덕에서 다가온 세월의 템포는 급변하여 '알레그로'가 되고 맙니다. 불혹의 언덕이라는 게 그래서 무섭습니다. 할 일이 있으면 마흔 전에 해 두라는 말을 그때 가서야 알게 되지요.

공자께서도 사람은 열다섯 즈음에 학문에 뜻을 두고, 서른이 되면 자신의 입장을 밝히며, 마흔이 되면 흔들리지 않아야 한다고 가르치셨습니다. 그것은 마흔이 되면 쉰이 눈 깜짝할 사이에 찾아오기 때문입니다. 마흔이 되어도 우왕좌왕하거나 이랬다저랬다 하거나 돈과 명예와 여자 앞에 몸을 가누지 못하면 사람 구실 하기는 틀렸다는 말입니다.

그런데 쉰이라는 지천명(知天命)의 언덕에서 예순이라는 이순(耳順)의 고개까지에는 쉰하나, 쉰둘, 쉰셋, 쉰넷을 셀 겨를이 없습니다. 쉰인가 싶으면 쉰다섯이 되고, 그다음엔 바로 예순이 됩니다. 쉰과 예순 사이에는 디딤돌이 하나밖에 없다고 생각해야 합니다.

그리고 예순에서 일흔 사이에는 예순다섯이라는 디딤돌이 하나도 없다는 선배들의 말씀에 놀라움을 금치 못할 것입니다. 내 나이 이제 예순인가 보다, 했더니 곧 일흔이 찾아오는 걸 모두가 실감합니다. 그러니 일흔 다음에 찾아오는 세월의 빠르기를 어떻게 설명하겠습니까. 그 세월의 빠르기를 생각하면 인간의 한 생애란 허망하기가 그지없습니다.

그러나 나는, 세월이 물같이 빠르다는 이 사실이 한편으로는 고맙습니다. 오히려 빠른 세월이기에 삶에 대한 애정은 깊고, 이 삶을 끝까지 잘 이어 가려는 열망도 내 안에 사라지지 않습니다. 영국 시인 테니슨의 노래처럼, 나는 이 세월의 물 위에 흘러가는 내 쪽배가 모래섬을 지나가면 곧 주님을 뵈오리라 굳게 믿기 때문입니다.

그래서 나는 부자연스럽고도 과격한 죽음이나 스스로 생을 마감하는 일만큼은 피해야 한다고 생각합니다. 우리 인생은 어차피 빠른 세월을 금세 넘어 죽음에서 부활로, 겨울에서 봄으로 자연스럽게 이어질 것이기 때문입니다. 우리가 이제 해야 할 일은 그때를 준비하는 것이지 얼마 안 남은 생애를 인위적으로 끝내 버리는 것이어서는 안 됩니다.

앞서 말한 대로, 이 세상에 태어난 것은 우리 뜻이 아니었지만 저세상으로 가는 일만큼은 우리 책임하에 이루어져야 할 가장 중대한 과제가 아니겠습니까. 그러니 우리는 죽음을 잘 준비해서 주께서 마련하신 그 시간에 요단강을 건너 가나안으로 기쁘게 들어가는 사람들이어야만 합니다.

하지만 사람이 얼마나 어리석은지, 평소 신앙이 돈독하다고 하면서도 막상 죽을 날이 가까워지면 죽는 것을 거부하며 인생의 마지막을 집착의 고통 속에 보내는 이도 적지 않습니다. 살아오는 날 동안 착한 일도 많이 하고, 또 천국을 이야기하며 영원한 나라의 안식을 소망하자고 외쳤던 이들이 막상 때가 되면 죽는 것만은 질색이란 듯 행동하는 자기모순, 자가당착의 속물적 모습을 보여 주기도 합니다. 신앙을 가지고도 죽음이 그렇게 싫고 두렵다면, 그 사람은 왜 평생 신앙생활을 했던 것일까요.

죽지 않고 천국으로 직행하는 길은 어디에도 없습니다. 저 넘실대는 요단강으로 들어가야 가나안에 이르지, 강물에 발을 딛지 않으면 가나안 천국에 도달할 길이 없다는 얘기입니다.

그래서 나는, 아프면 병원에 가서 병도 치료하고 병 낫기를 위해 열심히 기도해야 한다고 믿지만, 아무리 기도하고 아무리 치료를 받아도 낫지 않을 때는 "하나님, 알겠습니다. 이제 가겠습니다. 주님

뵈올 날을 기다립니다"라는 미래에 대한 고백을 하며 얼굴에 미소를 지을 줄 아는 노인이 되어야 한다고 믿습니다.

진실로 미래 지향적인 사람이 되자는 말입니다. 사람이 과거 지향적이 되면 현재를 제대로 활용하지 못하는 법입니다. 과거의 부귀영화를 다시금 누리려 하면 할수록 오히려 눈앞에 일어나는 일들을 제대로 보지 못해 올바른 판단을 내리기가 어려워집니다. 내일을 향해 가는 오늘이어야 오늘을 가장 건강하게, 가장 보람되게 보낼 수가 있다는 뜻입니다. 오늘 찾아오는 고난도 내일의 꿈을 위해 견디고, 오늘의 고난이 내일의 꿈을 향한 발판이라 해석하며 발을 내디딜 때 결국은 가장 빛나는 내일을 맞이할 수가 있다는 것입니다.

그렇다면 우리의 궁극적인 내일이 무엇이겠습니까? 뭐니 뭐니 해도 천국으로 들어가는 것이 아니겠습니까. 천국이란 결국 내일에 대한 기대이지,

과거에 대한 집착이 아닌 것입니다. "너희는 마음에 근심하지 말라 하나님을 믿으니 또 나를 믿으라 내 아버지 집에 거할 곳이 많도다"(요 14:1-2)라는 예수님의 말씀을 믿고, 어제를 돌아보기보다 내일을 향해 가는 게 오늘을 사는 우리의 올바른 자세라 할 수 있습니다.

그렇게 저 천국을 향해 항해하는 미래 지향적인 노인들이 오늘 해야 할 일이란 다른 게 없습니다. 오직 사랑에 힘쓰며 살면 됩니다. 그것만이 내일을 위한 최선의 준비입니다.

우리가 지금까지 나누었던 얘기, 또 성경의 가르침을 한마디로 요약하면 '사랑'이라 할 수 있습니다. 그것은 곧, 인생의 궁극적인 목표가 사랑이어야 한다는 뜻입니다. 그러니 우리의 남은 날 동안, 우리에게 삶을 허락하신 하나님을 사랑하고, 이 땅을 사는 동안 더불어 살도록 하신 형제들을 진심으로 사랑하는 게 내일을 위해 우리가 준비할 수 있는 전부입니다.

그렇게 사랑하다가 사랑하는 이에게로 갈 수 있다면, 우리에겐 후회가 남을 수 없습니다. 삶에 대한 더 이상의 미련도 없게 됩니다. 사랑하며 살았다는 거, 그것은 나 자신을 아낌없이 다 주었다는 것을 뜻할 테니까요. 그렇게 사랑하며 나 자신을 다 준 후에 사랑하는 주님을 향해 미소 지으며 갈 수 있다면 그 인생이야말로 가장 복된 인생이지 않겠습니까.

가슴 벅찬 사랑의 노력이 우리의 노년을 채울 때, 우리의 인생은 그처럼 해피엔딩의 결말을 맺고, 죽음으로 시작되는 또 다른 우리의 생애에는 찬양의 노래가 울려 퍼질 것입니다. 그때가 되면 내 사랑하는 주님이 찾아오시어 잠들었던 나사로를 깨우시듯 우리를 깨워 주실 것이고, 그때 우리는 어린아이처럼 활짝 웃으며 내 사모하는 주님의 품에 안기게 되리라 믿습니다.

그때를 소망하며 하루하루를 기쁨 가운데 사는

사람들, 그 사람들이 바로 우리들입니다. 우리는 부활의 봄을 기다리며 사랑의 불꽃을 지피는 노인들입니다.

"예수께서 이르시되 나는 부활이요 생명이니 나를 믿는 자는 죽어도 살겠고 무릇 살아서 나를 믿는 자는 영원히 죽지 아니하리니 이것을 네가 믿느냐"(요 11:25-26).